信州文史

第五辑·抗战

政协上饶市信州区委员会 编

中国文史出版社

图书在版编目（CIP）数据

信州文史 . 第五辑，抗战 / 政协上饶市信州区委员

会编 . -- 北京：中国文史出版社，2021.8

ISBN 978-7-5205-3171-9

Ⅰ . ①信… Ⅱ . ①政… Ⅲ . ①文史资料－上饶②抗日

战争－史料－上饶 Ⅳ . ① K295.63 ② K265.06

中国版本图书馆 CIP 数据核字（2021）第 184862 号

责任编辑：李晓薇

出版发行：中国文史出版社

社　　址：北京市海淀区西八里庄 69 号　邮编：100142

电　　话：010 - 81136606　81136602　81136603　（发行部）

传　　真：010 - 81136655

印　　装：三河市华东印刷有限公司

经　　销：全国新华书店

开　　本：710mm×1000mm

印　　张：14.5

字　　数：214 千字

版　　次：2021 年 8 月第 1 版

印　　次：2021 年 8 月第 1 次印刷

定　　价：68.00 元

序

　　上饶，因其特殊的地理位置，自古即为战略要地，从南宋至抗日战争时期，因濒临前线战区，一直是后方的重要屏障和前线的后勤保障供给地，被称为"前方的后方，后方的前方"。在中国抗战史上，具有重要的历史地位，是一座不可忽略的抗战历史名城。

　　抗日战争时，上饶是中国东南五省的抗战指挥中心，作为抗战时第三战区的首脑机关所在地，历史遗存丰富，文化资源深厚，保留了大量的抗战文化遗址、文物和民间传说，部分当事人还健在，对当年发生的事还能娓娓道来，对当年的遗址还能一一指认。信州区五桂山附近（今第三中学校址）曾有座"倭子坟"，埋葬过500多名日军尸体，中国军队第二十六军军长丁治磐将军亲自撰写墓志铭，刻碑铭记。信州区有抗建路和胜利路，为纪念抗战胜利而命名。至于第三战区各机关遗址，更是散见于全市老街巷、古寺庙和乡间村落中。这些抗战遗址，是抗战文化遗产的重要组成部分，是抗战文化精神的物质载体，也是进行爱国主义教育的基地。

　　抗战胜利后，国民政府将上饶玉山选为日军的受降地之一，这是对上饶在抗战中的重大贡献而给予的最高褒奖，足可见上饶在中国抗战中的重要地位。可惜一场台风让上饶错过了这次重要的历史见证（受降地因玉山机场跑道被台风摧毁而移址湖南芷江）。

　　70多年来，上饶的地名多次出现在各种抗战题材的文章和影视剧中，如四川电视剧《傻儿师长》，剧中主人公曾到上饶接受颁奖；新四军在上饶整编开赴抗日战场；江浙许多文艺团体、商号、名校都迁至上饶，造就了丰富的抗战经济文化。而上饶本土，因为各种历史原因，对抗战文化却鲜有系统研究，以致产生了长时间的文化断层。

上饶自古为文化大市，各种文化研究历历可数，经久不衰。抗战文化也是上饶诸多文化的一个重要组成部分。但上饶的抗战文化研究一直是个薄弱点。近年来，当重庆、南京、长沙甚至桂林、衢州等城市陆续打出抗战名城的城市名片时，上饶作为抗战期间东南五省的军事、政治、文化中心，却一直默默无闻，相比邻省浙江和邻市衢州、江山，上饶的抗战文化研究已经落伍太远。

从史料中我们可以得知：上饶抗战是全民参与的抗战，上饶人民为之做出了巨大贡献和牺牲。当年在上饶参加抗战活动的军民都是时代的精英、民族的脊梁。我们研究历史，并非为咀嚼曾经的苦难，也不是要传播、延续仇恨，而是如习近平总书记《在纪念中国人民抗日战争暨世界反法西斯战争胜利70周年大会上的讲话》中所说："是为了铭记历史、缅怀先烈、珍爱和平、开创未来。"

我们这一代人，担负着承上启下的重任，有责任弘扬上饶人民在抗战中表现出的大无畏精神和民族气节，并将其传承给我们的下一代。这些宝贵的精神文化遗产，如果再不及时予以抢救性的收集整理保护，将在历史的大潮中消失殆尽，我们将愧对祖先和后人，尤其是那些为国捐躯的先烈们。

我们现在编撰抗战专辑，对弥补上饶文化研究的缺项，提升上饶作为历史文化名城，有着重大意义。让年轻的一代人了解上饶的抗战历史，弘扬爱国主义精神，对激发国人热爱家乡、建设家乡的热情是大有裨益的。

本书仅以历史为依据，着力挖掘70多年前民族危难时刻爆发出的民族精神，揭开上饶抗战记忆，发掘上饶抗战史料，研究抗战文化的深层内涵，弘扬抗战精神的当代价值，传承抗战精神，铸造中华国魂。

上饶市抗战文化研究会会长　商建榕

2021年8月

目 录
CONTENTS

【抗战综述】

上饶抗战的重要历史地位

罗时平

抗日战争是中华民族由衰败走向振兴的重大转折点，上饶人民为抗战的胜利做出了卓越的贡献，上饶抗战在中国抗战史上具有重要的历史地位。

一、上饶是东南五省抗战的军事中心

抗战军兴，1937年8月20日，国民党军事委员会将苏（南）沪浙地区划为第三战区，以冯玉祥任司令长官，指挥淞沪会战。9月下旬，冯玉祥调往第六战区，蒋介石亲任司令长官。12月底，蒋介石辞司令长官职，顾祝同接任。1938年11月，经调整，三战区辖区为苏（南）沪浙闽和赣省赣江鄱阳湖以东地区。1939年4月，三战区长官部由安徽屯溪迁往上饶，统领苏浙皖赣闽东南五省抗战，一直到抗战胜利，上饶成为东南5省抗战的军事指挥中心。

1939年3月至5月，三战区长官部迁上饶后，三战区长官部与第九战区共同进行了南昌会战。此次会战是正面战场进入相持阶段后中日军队的首次大战，尽管会战没有达到守卫南昌的目的，但它给予日军有生力量相当大的杀伤，中国官兵表现出了不怕牺牲、殊死作战的坚定抗战意志。

1942年5月至8月，第三战区又进行了浙赣会战。会战转到了上饶境内，中国军队在象鼻山、土官桥、坑口、冷滩、广丰、弋阳与日军展开激战，虽然会战没有成功阻击日军，战区损失巨大，但会战支援了太平洋战场的盟军，加强了中美双方在中国战场合作抗日的道路，延缓了日军"五号作战"计划的实施直至其流产，消耗了日军的有生力量，支援了中国其他战场的抗日。

1944年豫湘桂会战后，由于日军打通了大陆交通线，第三战区辖区形成孤岛，独立承担东南抗战的大局，坚持到抗战胜利，为整个中华民族抗日战争立下了伟大功绩。

二、上饶是东南五省抗战的政治中心

第三战区长官部迁驻上饶后，上饶就被日军列入东南五省战略轰炸的首选目标。日军企图通过对上饶的轰炸，造成东南大后方经济的破坏，造成人民厌战情绪的增长，特别是通过对上饶的轰炸，与其政治上对国民党政治诱降相配合，动摇国民党抗战军心，造成国民党政权的崩溃，从而摧毁中国继续抗战的意志和决心。因此，上饶成为东南五省遭受日本野蛮轰炸规模最大、次数最多、持续时间最长，损失最为惨重的城市。但日本的战略轰炸和军事进攻并没有摧毁上饶抗战的意志与决心，上饶坚持抗战，直到胜利。

抗战兴起，中国共产党领导的新四军编成之后，受第三战区指挥，在皖南一带敌后进行抗日作战。1941年初发生皖南事变。但中国共产党顾全民族大义，坚持高举抗日民族统一战线大旗，以上饶为舞台的第三战区抗日统一战线始终没有被分裂，国共双方在对日战争中的协作配合，团结一致、共同抗战，聚合了空前的民族团结精神，形成了真正战胜日本侵略者的无坚不摧的力量源泉，最终彻底打败了日本侵略者。这是抗日民族统一战线的胜利，是全民族的胜利。

三、上饶是东南五省抗战的文化中心

上饶成为东南五省抗战文化中心主要有三大因素：一是政治、军事中心的形成，为上饶奠定了东南文化中心的地位；二是国共合作形成的抗日文化统一战线，极大影响和推动了东南抗日文化运动的发展，使上饶抗战文化具有广泛的代表性，成为名副其实的战时东南的文化中心；三是大量文化团体和大批文化人聚集上饶开展抗战文化活动，创造了一系列文化成就，使上饶成为中国抗战文化的一个高地。

1939年，国民党第三战区长官司令部迁至上饶，所属机关单位也相继迁入。大批国共两党军政要人，文学、科学、艺术、教育、理论学术、经济等诸多领域的大师级人物与团体聚集上饶从事文化活动，在上饶这块土地上留下了厚重的历史印痕。

政界要人方面。周恩来、叶挺、蒋经国、白崇禧、原共产国际代表鲍罗廷以及美英盟军代表等纷纷来到上饶商量联合抗战事宜，韩国第一任总统李承晚当时也在上饶担任朝鲜抗日先遣总队队长，国民党高官顾祝同、谷正纲、邓文仪等抗战期间也在上饶驻守，曾任台湾国民党中央党部秘书长、国民党第十三届中央评议委员会主席团主席、大陆工作指导小组召集人、国民党总统府资政的马树礼，抗战时期在上饶主办《前线日报》7年。

文化名流方面。当时的偏安局面使大批躲避战祸的文化人士羁留于上饶，这些文化人士中不乏当时的文化名流。著名学者宦乡、文化人曹聚仁、作家殷梦萍、著名鸳鸯蝴蝶派作家许啸天、著名书法家高剑华、书画家俞仲侯等一大批文化名流在上饶办报出刊。国内著名文化人士老舍、张恨水、张乐平、廖冰兄、陆志痒、徐甫堡、覃子豪、聂绀弩等也来上饶工作或与文会友。曾担任过左联党团书记的著名诗人、作家、革命文艺家冯雪峰，浙江《民族日报》社长、著名文化人王闻识以及新四军的一大批文化人士被囚禁在上饶集中营，创作了很多革命文化作品。

文化团体方面。据不完全统计，当时在上饶的进步文化团体多达三四十个，涉及文学、美术、音乐、教育、新闻、出版、社科等各门类。这一时期，南京、上海、杭州、无锡等地的青年学生组成的救亡团在上饶广泛开展抗日救亡活动，国民党军事委员会政治部也派出大批抗日宣传队到上饶开展抗日文化宣传活动。当时，国民党军事委员会政治部有10个演剧队、4个宣传队、1个漫画宣传队、1个孩子剧团、3个放映队，其中演剧五队、演剧七队、抗宣二队和漫画宣传队共200多人分配到上饶在三战区活动。

新闻出版方面。战时在上饶编辑出版的报纸杂志达数十种之多，《民锋日报》《民国日报》《东南日报》《赣东日报》《上饶日报》《东线文艺》《民族正气》《草原旬刊》，战地书局、时代书局、协丰书局、文光书局、文化服务社。影响最大的是第三战区机关报《前线日报》。总编辑宦乡主持报社的笔政，始终坚持宣传积极抗日、民主科学的办报方针，突出军报关于对战情动态、国际问题分析"快、新、准"的特色，善于抓住有利时机反映民意、抨击当权者的腐败，《前线日报》特色鲜明，声誉鹊起，在全国影响很大。

群众文化方面。上饶民众教育馆是抗战时期上饶群众文化的组织者和倡导者。民众教育馆建有图书馆、文化茶座厅、体育场、民众夜校等齐全的文化设施。民众学校开办了青年学生补习班、待业人员补习班、国术传习班等班次；民众教育馆组织青年流动宣传队深入农村巡回演出，组织画展和图书展。由于上饶民众教育馆群众文化工作成绩显著，中华民国教育部特颁发奖金1万元奖励上饶民众教育馆。

抗战时期中国文化呈现出三种不同的文化形态：一是解放区抗战文化，二是大后方抗战文化，三是沦陷区孤岛文化。代表这一时期文化主流的是民族的、大众的、科学的中国新民主主义文化。上饶的抗战文化就反映了这一文化主流，并创造了一个繁荣的高地。同一时期内如此之多的政界要人、文化名流和文化团体云集上饶从事抗战文化活动，在上饶历史上是空前的。

四、上饶是名副其实的抗战胜利之城

1945年8月14日，日本政府照会美、英、苏、中四国政府，宣布接受《波茨坦公告》。8月15日，日本天皇裕仁以广播《停战诏书》的形式，正式宣布日本无条件投降。按照国际惯例，战胜国要对战争后一些具体事宜和战败国进行洽降沟通，安排战败国的投降仪式。当日，国民政府军事委员会军令部给驻华日军发出电令，明确将上饶玉山作为中日洽降地。

为什么国民政府首选上饶玉山为中日洽降地？第一，玉山机场是国民政府抗战的最前沿，是第三战区长官司令部所在地，而且距南京近，铁路、公路、机场一应俱全；第二，上饶玉山机场在抗战时期名声显赫。上饶玉山机场始建于1934年，扩建于1938年，占地2450亩。1942年4月18日，美军杜立特行动完成对日本本土的首次空袭。日军于1942年5月至8月组织了浙赣战役，直接目标就是要摧毁浙赣线上的衢州、玉山中国空军基地和机场；第三，上饶在抗战中做出了重大贡献。1939年4月，第三战区长官部由安徽屯溪迁往上饶，统领苏浙皖赣闽东南五省抗战，一直到抗战胜利，上饶是东南五省抗战的军事指挥中心。

国民政府将上饶玉山作为中日洽降的首选地，是对上饶抗战所做出的重大贡献给予的最高荣誉。但是，时隔三日，8月17日蒋介石致电日方说玉山机场不能使用，这是怎么回事？原来受8月16日台风影响，玉山下大雨，机场跑道被大雨冲坏，飞机无法降落，上饶玉山因此失去了成为抗战胜利洽降地的荣耀，湖南芷江则幸运入选。

8月21日，中日代表在芷江举行了洽降仪式。根据芷江洽降的规定，中国战区共划分为16个受降区，上饶作为东南五省的抗战军事指挥中心，驻守上饶的最高指挥官顾祝同以上饶第三战区司令长官名义，接受杭州、厦门日军投降。9月9日，在南京举行的中国战区日军投降典礼上，中国陆军总司令何应钦接受日本侵略军总司令冈村宁次的投降，顾祝同作为上饶第三战区陆军代表也参加了这一仪式。

五、上饶抗战因伟大精神而永恒

上饶人民在最艰苦卓绝、最英勇悲壮、最能体现全民族团结统一的抗战时期，表现出"爱好和平、团结御侮、不怕牺牲、救亡图强"的伟大抗战精神，是中华民族精神的宝贵财富。

1. 爱好和平。上饶人民素以仁义立身，崇尚和平、反对战争，在抗日战争中也不例外，始终以"战争的目的是为了和平"为宗旨，体现了爱好和平的文明风范。上饶收复后，中国军队第二十六军军长丁治磐将军命令所属部队搜集日军尸体500余具，在上饶火车站附近之五桂山上筑"倭子坟"一座。"上饶倭子坟"传承了"国家兴亡，匹夫有责"的中华传统文化和抗击侵略者不屈不挠的精神，同时也体现出了上饶人民尊重死者的宽大胸怀和人道主义精神。

2. 团结御侮。全面抗战爆发后，上饶从城市到乡村，从工厂到学校，无论是知识分子还是工农大众，不分民族，不论老幼，都怀着满腔的爱国之情，以自己的方式表达了对民族生死存亡的极大关心，迅速形成了锐不可当的团结御侮洪流。为了打败日本侵略者，原本生活艰苦的上饶人民更加辛苦劳作，节衣缩食，省下钱财支援前方作战，不断掀起轰轰烈烈的支前运动。

3. 不怕牺牲。日军在入侵上饶中的凶残、暴戾在世界战争史上是极为罕见的，除了惨绝人寰的"烧光、杀光、抢光"的"三光"政策，甚至还毫无人性地施放毒气和进行细菌战，制造了无数骇人听闻的惨剧。但上饶人民在强暴面前没有退缩，而是高扬中华民族同仇敌忾、不怕牺牲的民族精神，不屈不挠地与日军进行殊死的斗争，保家卫国。

4. 救亡图强。根据1946年4月江西省政府《江西省抗战损失调查总报告》记载：上饶全市共伤亡23140人，其中死亡13718人，经济损失总数为304.89857亿元（当年法币，相当于战前0.35亿元）。但上饶人民在强盗入侵面前没有退缩，而是高扬爱国主义的旗帜，保家卫国，直至取得彻底胜利。战后上饶重建的抗建路、胜利路表现了上饶人民重建家园、奋发图强的美好愿望。

（作者简介：罗时平，上饶市抗战文化研究会名誉会长，原中共上饶市委党校副校长，教授）

上饶群众性抗日救亡运动

罗时平

上饶具有光荣的爱国主义传统，全面抗战爆发后，从城市到乡村，从工厂到学校，无论是知识分子还是工农大众，不分民族，不论老幼，都怀着满腔的爱国之情，以自己的方式表达了对民族生死存亡的极大关心，迅速形成了锐不可当的抗日救亡的洪流。

一、各种抗日救国团体的成立

在中国共产党抗日民族统一战线政策的影响下，上饶各地成立了许多抗日救国团体，主要有战地服务团、抗日救亡工作团、乡村巡回工作团、抗敌后援会、青年救亡工作团、青年服务团以及抗敌工作团等。这些团体的任务是公开宣传抗日救亡及组织群众支援抗日。乡村巡回工作团专门负责组织农村小学老师工作，抗日救亡工作团专门在农村小集镇开展抗日救亡活动，抗敌后援会妇女界分会号召与发动机关、团体、学校中的知识女性参加抗日运动以及组织妇女慰问团慰问抗日将士，青年救亡工作团和青年服务团上街演讲、动员群众。

抗战时期，南京、上海、杭州、无锡等地的青年学生组成的救亡团在上饶广泛开展抗日救亡活动，如上海歌咏协会、上海职业青年救亡团等。以无锡学社名义将无锡几个抗日救亡团体整编合并而成的无锡抗日青年流亡服务团，共有男女团员100多人，对外名义上属抗敌后援会领导，内部由中共支部负责，他们在上饶各地写抗日标语，画抗日宣传画，演抗日话剧，唱抗日歌曲，极大地鼓舞了人民群众的抗日信心。与此同时，国民党军事委员会政治部也派出大批抗日宣传队到上饶开展抗日文化宣传活动。当时，国民党军事委员会政治部有10个演剧队、4个宣传队、1个漫画宣传队、1个孩子剧团、3个放映队，其中演剧五队、演剧七队、抗宣二队和漫画队分配到上饶在三战区活动。抗敌演剧五队、演剧七队、抗宣二队隶属于国民政府军事委员会政治部第三厅，实际上是共产党领导下进行抗日宣传工作的统一战线组织。抗敌演剧五队、演剧七队、抗宣二队当时的活动不仅在上饶，而且在整个东南五省，乃至在全国都深受民众欢迎，有很高声誉。如抗宣二队，1939年3月随三战区长官司令部迁往上饶，坚持在东南战场战斗了730天，演出了《反正》《壮丁》《荣誉大队》《放下你的鞭子》《两弟兄》《三江好》等33个剧目，组建了9个青年歌剧团体，培训了4万多士兵、农民、工人、妇女和儿童，鼓舞了广大军民的抗战斗志。

二、抗战群众文化有声有色

上饶民众教育馆是抗战时期上饶抗战群众文化的组织者和倡导者。民众教育馆在人员和资金十分紧缺的情况下，以坚忍不拔的抗战精神建成了图书馆、文化茶座厅、体育场、民众夜校等齐全的文化设施。图书馆有图书杂志700多种，每日开馆供群众阅览，并组织巡回书担送书下乡，免费供读者阅读；民众茶馆每日开放，举行抗日时事演讲、说书、歌咏、乐器演奏等活动，参加者甚众；"民众壁报"每旬一期，每期3份，在闹市张贴，内容以抗日救国为主，有歌谣、故事、简讯、漫画，图文并茂、通俗易懂；民众学校开办了青年学生补习班、待业人员补习班、国术传习班等班次。民众教育馆组织的社会青年流动宣传队深入农村巡回演出，组织画展和图书展。在宣传抗战的同时，民众教育馆还大力倡导移风易俗，举办集体婚礼。1941年12月16日下午，民众教育馆举办了上饶第一届集体婚礼，共有6对新人和800余位来宾参加。由于上饶民众教育馆群众文化工作成绩显著，中华民国教育部特颁发奖金1万元奖励上饶民众教育馆。此外，设在上饶的战区广播电台和东南战区放映队也极大地丰富了群众的文化生活。战区广播电台的节目有名人演讲、政治演讲、对沦陷区民众演讲、时事述评、各地通讯、国乐、杂剧、抗战歌曲等。东南战区的放映队在饶巡回放映国产无声和有声电影。

抗战时期，上饶各个救亡演剧队在"把戏剧送上前线""戏剧上街、戏剧下乡"等口号的鼓舞下，离开大城市，走向工厂、农村、前线，进行频繁的演出宣传活动，他们的足迹遍布于上饶。他们演出的剧目多为短小灵活的街头剧、活报剧和独幕剧，如《放下你的鞭子》《血洒卢沟桥》《八百壮士》《古城的怒吼》等。随着抗战的深入，艺术家们对生活的认识逐步加深，戏剧创作不论在思想性还是艺术性上都有了普遍的提高。抗战使戏剧扩大了发展空间，同时也使戏剧在火热的斗争生活中获得了丰富的滋养。艺术家们每到一地，常常根据当地人民群众的生活和所发生的故事创作成话剧作品，演出后深受人民大众的欢迎。1942年2月25日，上饶的演出团体举行了一周的戏剧公演，盛况空前。1945年6月20日，东南戏剧协会在上饶成立，并公演《日出》《大地回春》《怒海余生》《柳暗花明》《神鹰万里》《小天使》等现代剧，极大地鼓舞了上饶民众的抗日士气。

三、上饶民众的支前运动

抗战八年，上饶除沦陷两个多月外，大多数时间属战略后方，因此上饶民众抗战的主要任务就是支前。为了打败日本侵略者，原本生活艰苦的上饶人民更加辛苦劳作，节衣缩食，省下钱财支援前方作战，不断掀起轰轰烈烈的支前运动。1939年5月，广丰县人徐浩、李桃华将全部家产变卖130万元，悉数捐助抗战。蒋介石闻讯后，为徐、李各题写"毁家纾难"横额一方。弋阳一个区的妇女们集体开荒60多亩，种植豆子、芝麻等作物，收获后所得款4000多元全部捐献给前线部队。弋阳妇女还捐献了50000双军鞋、8000多斤猪肉、1000多斤粽子给抗日部队过端午节。各县还踊跃捐献飞机款，如万年县，1942年12月和次年8月两次共捐飞机款21万多元；鄱阳县，1944年3月捐献了60万元飞机款。

抗战开始不久，为了堵截日本侵略军从水上进犯江西，江西当局决定在九江马当要塞修筑工程巨大的水上防线，鄱阳湖边的各县都承担着招募大量民工和运送石方的任务。余干县出动数千民工去马当筑防，并用船只运送去数万方石块。鄱阳县也派了数千民工去马当，运去了87000方的石块。其中52条装满石块的船只到达马当后，奉命将船只和石块一起沉入长江水底。为防止日军从其他水路和公路入侵，鄱阳县还征用了40多万民工和5万多根竹木，以堵塞湖港河汊及破坏交通道路。弋阳群众6000多人抢筑港口义岭工事，支援埋伏在义岭的国民政府军第四十九师一部，该部于1942年7月11日和12日歼灭日军200余人。

1941年，鄱阳县许多热血青年经过鄱阳湖到江北参加长江游击队，后这支队伍编入新四军打击日本侵略者。上饶各县在当地政府的组织下，许多青壮年积极踊跃地参军参战。抗战时期，鄱阳有29000多人参军参战，玉山有20000多人参军参战，万年有500多人参军参战。当年的《前线日报》报道过横峰县灵港乡第九保青年李文斌请缨杀敌，县城于1942年12月27日召开大会热烈欢送他赴抗日前线杀敌的消息。德兴青年杨文学（黄埔军校毕业生）结婚第三天就奔赴抗日前线，在苏北战场以身殉国，德兴各界民众集会悼念，将烈士牌位送进忠烈祠，举行公祭。

日军上饶暴行录

苏纲青　余钟洪

民国统治1937年至1945年，因第三战区迁至上饶，许多军政单位设在上饶县，日军开始对上饶县不停地轰炸，尤其是军政单位驻扎较集中的广平镇和皂头乡，遭受轰炸损失最为惨重，军民死伤甚多。

据不完全统计，自1938年1月至1945年8月，日军前后出动飞机2140余架次，轰炸上饶及周边12个县市，炸死平民数千人，伤近万人，炸毁民房9000余栋。浙赣战役日军占领上饶期间，上饶人民深受蹂躏，死伤无数。日军抓到妇女，往往先是轮奸，然后再强迫她们裸体挑柴、担水、做苦工。据1942年11月25日《新民报》载："浙赣之役后的赣东，一片凄凉，崇仁、宜黄、贵溪、上饶、玉山等各县，其中以上饶、玉山烧杀最惨，贵溪尤烈，景况凄凉，急待善后。敌此次进扰时，口号有曰：烧杀以助军威，奸淫以助军乐，抢劫以助军食。"（陈荣华《江西抗日战争史》）

因资料有限，本文仅作简录，以不忘国耻，永志后人。

1937年9月，日机3次轰炸县城。

1939年3月12日，日机轰炸县城中心小学，炸死教员1人及20余名学行。

6月28日7时，30多架日机轰炸上饶县城水南街蚊虫坑、滩头、车头等地。当年的水南街蚊虫坑一带树林杂草茂密，便于隐蔽，空袭时附近许多民众躲避至此，被敌机发现，集中投弹加扫射，炸死、炸伤500多人。时值夏季，炸弹坑中遇难者的碎尸来不及掩埋，迅速腐烂，招致蚊蝇铺天盖地，人人惊悚，不敢靠近。此地从此留下一个惨痛记忆的地名——"蚊虫坑"。

7月6日，日机轰炸县城水南街、滩头等地，炸死、炸伤30多人。

8月20日8时27分，日机6架轰炸县城，投燃烧弹20余枚。同日15时28分，日机6架轰炸县城，投弹21枚，炸毁民房21栋，炸死、炸伤数十人。

8月21日晨，日机6架炸县城，炸毁民房10余栋。

8月23日，日机5架轰炸县城，投弹10余枚。

1942年日军占领上饶车站

1940年4月4日上午，日机20架轰炸皂头，皂头小学校长一家3口被炸死在紫云亭，肢体、内脏被炸飞挂在树上，惨不忍睹。同日下午，日机36架分三队轮番轰炸皂头，投弹数十枚，炸死、炸伤100余人。

1941年2月15日，日机10多架轰炸县城广平镇西大街、南门口、牌楼底，投掷燃烧弹数十枚，烧毁店房1000余栋。

日军占领上饶

4月4日上午8时30分，日机24架轰炸皂头，投弹百余枚；下午2时，日机36架侵入县城广平镇上空，投弹80余枚，师管区、专员公署、县政府、县党部、警察局、第一区署及监狱署一带均被炸毁，炸死军警、平民20余人，重伤50余人，炸塌房屋70余栋。

4月上旬，日机12架轰炸皂头，24架轰炸县城。从中街万王祥药店至上饶保康恒店止，长六七百米的大街，两旁的药房全部被炸毁，炸死、炸伤680人。

4月中旬，24架日机轰炸县城和皂头，仅城区就死伤680多人，南门口至渡口沿街店铺被炸成废墟。

6月12日，日机轰炸县城西大街，在繁华的商贸街上投燃烧弹、炸弹各数十枚，上饶最大的中药铺"泰山堂"药房被炸毁，房后的防空洞震塌，洞口闭塞，躲在洞内的30余人全部窒息而死。

6月24日，县城八角塘防空洞被敌机炸塌，10人窒息而死。

民国31年（1942）清明节前一天，一辆汽车满载学生去扫墓，被日机发现紧追不舍，追到皂头紫云亭附近，投弹炸死30多个学生，碎尸挂满树枝，鲜血染红了小溪。村民只得将碎尸收集，集中掩埋。

6月13日，浙赣战役开始后，日军侵占上饶及铁路沿线各县，日军十军泽田茂部2个师从广丰、玉山夹攻县城，上饶沦陷。日军占领县境后，实行"三光"政策，上饶百姓死伤无数。

6月14日，日军在沙溪发现了设在李家祠堂的第三战区后方陆军医院，此时轻伤士兵已经随医院撤离，里面还有40多名从浙江前线撤下来不能行走的重伤员。日军将

浙赣战役中日军占领上饶县皂头（图中背景为皂头紫云亭，后被炸毁）

祠堂大门封死，围上柴火，放火将40多名重伤员活活烧死，被烧的伤员惨叫声不绝。日军围堵强奸村里一群妇女，许多妇女不堪受辱跳塘自杀。

6月中旬某日，日军杀死朝阳乡农民刘茂江，抢走耕牛1头。在水尾村轮奸病妇1人，奸后用刺刀刺入其阴部。在姚坪乡西山庙关押60名妇女，轮奸后强迫她们赤身裸体，在庙门百级台阶爬上爬下，日军在旁观看取乐。

6月下旬，日军在灵溪强奸一名70多岁的老妇未遂，用木柴戳入其阴道，流血不止而死。在沙溪五里村强奸一孕妇，奸后将其塞入箩筐投入河中淹死。在沙溪双塘村烧毁民房100栋。在灵溪张家村抓获孕妇1名，强奸未遂，用桌子和石磨压在孕妇身上，数名敌兵于桌上蹦跳，把胎儿从腹中挤压出来，孕

妇和胎儿被活活压死。

同月，在罗桥泉塘村，当地村民在反抗中杀死1个日本兵，日军报复，把整个泉塘村都给烧毁了。

7月上旬，日军在朝阳乡强奸2名青年妇女，奸后，逼其在院中伏地做马，驮着他们爬行转圈作乐，如稍缓慢，即遭毒打。

在朝阳乡黄村，兽性大发的日军抓获妇女40人，逼其脱光衣服，用锅底黑烟涂在身上，并迫其下水塘捕捉鸭子，日军在岸上观看取乐。百般侮辱以后，进行集体奸淫，妇女杨吉凤难忍受辱，悲愤撞石而死。

日军在尊桥把1位农民绑在树上，割舌、挖眼、切耳，最后剖腹取心。在朝阳乡溪边村用刀砍杀农民3人。在灵溪，日军把被抓来的村民40多人押到信江桥头，刺杀后踢下河，鲜血染红了信江水。在灵溪郑家坞村烧死20多人。在县城杀一老妇，刺18刀。

日军将广平镇马王庙的民居占为马房，把县城郊区的禾苗割尽喂马。在西乡王家店行劫后，把大便拉在农民锅里。在城郊汪家园和荷叶街，日军一次杀害村民60余人。

8月20日，日军撤走，上饶人民被蹂躏70天。县内北乡至灵山脚下，西乡至王家店、碧霞桥，南乡至尊桥的黄圩、石上、骆村，东至沙溪等大片地区惨遭荼毒。

据《江西省抗战损失调查总报告》载：

上饶县全县伤亡人数为4446人，其中死亡3501人，重伤344人，轻伤601人。烧毁房屋1896栋，损失现款2800多万元、粮食19.9万担、食油1370担、猪9400头、牛2200头、鸡鸭4.6万只；财产直接损失998687万元（法币，下同），间接损失457655.3万元，共1456342.3万元。

县属各机关损失：建筑物5231.2万元，器具380.2万元，现款18.2万元，图书25.8万元，仪器20.3万元，文卷449万元，医药用品200.5万元，其他1287.3万元，合计7612.5万元。

学校损失：建筑物1666.6万元，器具760.8万元，现款3.4万元，图书629.3万元，仪器19.1万元，医药用品16万元，其他13.5万元，合计3108.7万元。

农业损失：房屋809栋，折款80430万元，农具64031件，折款15221.5万元，现款2115.2万元。稻谷178790担，麦11381担，食油1374担，杂粮9318担，木材5216根，毛竹2465根，水产品511担，畜产品10担，猪9410头，牛2230头，鸡鸭46057只，渔具55件，运输工具3787件，衣服372772件，其他物品270件，折款共计259846.5万元。

工业损失：厂房折款1816.4万元，器具767.3万元，现款663.4万元，产品595.1万元，原料442.5万元，机械及工具126.7万元，运输工具54.5万元，衣服559.4万元，其他127万元，合计5152.3万元。

商业损失：店房752栋，住房120栋，器具4184件，存货368983件，车673辆，船75艘，衣服1973件，折款共计720328.2万元。

其他损失：2753.4万元。

战乱时期，这只是不完全统计。

（作者简介：苏纲青，上饶市抗战文化研究会执行会长，上饶市赏石学会会长；余钟洪，上饶市抗战文化研究会副秘书长，党支部书记）

日军在上饶细菌战的危害

商建榕

抗日战争时期，侵华日军三次发动大规模的细菌战。日军称之为"保号作战"，具体的作战过程主要有三大"远征作战"，即1940年在江西、浙江实施的细菌攻击；1941年在湖南常德实施的鼠疫战；1942年在浙赣铁路沿线实施的混合细菌。这三大细菌战，都是以日军驻哈尔滨第731部队为主，由驻南京"荣"字1644部队配合进行。而发生在江西的细菌战，主要战场集中在上饶县及与其相邻的玉山、广丰县。

上饶境内的鼠疫流行，始于1942年，止于1950年。除1943年无病例报告外，其余8年均有病例发生，先后有数百人死亡。在此之前，上饶县历史上无鼠疫史料记载，其流行全系战争传入所致。

1940年和1942年，上饶曾两次遭受日军的细菌攻击，以1942年的为重。1940年6月5日，日本驻中国派遣军作战主任参谋井熊男与参谋本部的荒尾、增田等人就"保号作战"进行了协商，于9月18日开始了细菌战的实施，参战部队由中国派遣军司令部直接指挥，负责人为石井大佐，使用的伤寒、霍乱、副伤寒、鼠疫和炭疽病菌等细菌是由哈尔滨平房细菌工厂专门运到杭州的，攻击的地点包括江西的玉山和浙江的宁波、衢州等浙赣铁路沿线的重要城市。截至10月7日，共进行了6次细菌攻击，对玉山的攻击至少有一次，具体攻击方法是使用飞机在4000米以上高空采用"雨下法"撒布鼠疫蚤。1940年那次受害情况不详，因那时人们并不了解细菌战的危害性，多将其归类于自然流行病。1941年9月26日，针对日军的细菌战，上饶县公布了省政府颁发的《江西省鼠疫防治暂行办法》《江西省疫情报告暂行办法》，提醒大家了解并注意防范细菌战的流行危害。

1942年4月18日，美军16架B-25轰炸机从太平洋上的"大黄蜂"号航空母舰上起飞，对日本东京、名古屋等城市进行首次空袭，然后返回降落到浙江、江西。因美军在空袭行动前没及时与中国方面沟通，以致当他们按计划飞到中国沿海时，飞机燃料耗尽，除1架迫降苏联、3架迫降中国海岸外，其余12架飞机的机组人员都在浙赣上空弃机跳伞，飞行员被中国百姓营救脱险。美军轰炸东京，震动日本朝野。日军害怕浙赣地区的机场被美军所用，于是发动浙赣战役。一是为了报复中国军民对美机飞行员的救援，对掩护救助过美军飞行员的当地百姓进行了残酷屠杀。二是为了破坏江浙机场和铁路，以防止类似的进攻。日军将细菌战与陆军的地面进攻结合起来，即在日军进行战略退却时，在浙赣铁路沿线、机场附近施放细菌，使浙赣铁路和机场所在村庄变为传染病流行区，以阻止中国方面修复和再次使用这些机场。

1942年7月20日，日军因在投放细菌中不慎感染士兵，不得不重新部署了对浙赣沿线进行细菌战的具体计划："对玉山，投放鼠疫带菌跳蚤及疫鼠以及粘有鼠疫干燥菌的大米……"当年8月间，浙赣战役结束，在日军撤退时，日军第731部队派遣远征队沿浙赣铁路沿线一带，在居民已逃亡地区撒播鼠疫跳蚤的方法，以返回居民为目标，通过人传人的传染方式，企图造成无人区，以细菌战配合日军撤退。

"1942年8月3日，日军对玉山等7个县攻击部署结束，20日撤离玉山等地向衢县集结，25日，细菌战罪魁祸首石井四郎亲自到衢州部署细菌战具体作战计划。日军细菌部队沿其撤退路线采用多种方法实施了细菌战，26日到31日的6天内，石井一方面派飞机在中国军队的阵地及防空区撒布带鼠疫的跳蚤，一方面派部队撒播细菌。从实施的方法上看，从原来的地面撒播、活体注射，逐步形成以地面撒播、空中撒布、谋略投放等相结合的立体方法。日军大规模实施细菌'地面传染法'，用伤寒菌和副伤寒菌污染蓄水池、水井、建筑物的办法进行细菌攻击，在食物中注射细菌，污染食物以传播瘟疫；从玉山经由浙江开化、华埠至常山，从广丰经由浙江新塘边、清湖至江山，投放霍乱等病菌。"（《日军对上饶地区实施细菌战的调研报告》）

1942年8月21日，日军撤离上饶、广丰、玉山县。731部队开始对上饶和广丰、玉山县居民区地面播撒带有鼠疫杆菌的跳蚤。日军在广丰撤退时曾一反烧光的"三光政策"常态，在广丰县城张贴布告：严禁焚烧房屋，违者枪毙。后来事实证明，这其实是日军使用了细菌战，为避免烧死带鼠疫菌跳蚤的阴谋。9月，广丰县城永丰镇突现瘟疫，经检验病患发现是鼠疫杆菌；9—10月间，上饶县城广平镇及沙溪、皂头也突然爆发大面积传染性鼠疫。广平镇疫点主要发生在民宅集中的马皇庙和太子庙一带。

8月22日，日机曾在上饶县城中心居民区马皇庙投下细菌炸弹。日军撤退后，难民大量回城。之前广平镇马皇庙许多居民住宅被日军占作马房，稻草、马粪、垃圾充斥居室，城中一片狼藉。逃难回城的居民在清理住宅时，发现到处老鼠成群，跳蚤很多，他们被带菌的跳蚤叮咬，起先并未在意，还以为是日军的马和草料、粪便垃圾引来的老鼠和跳蚤。但从9月开始，马皇庙和太子庙一带就不断发现有死老鼠，继而居民中不断有人发病，症状相同：先是头痛发烧，恶心呕吐，无力行走，继而昏迷，几天即致死。据不完全统计，马皇庙至今可查的共有8家19人死于当年那场鼠疫。在距马皇庙直线距离不到1000米远的抗建路太子庙，仅一个月时间就有15家以上的住户患病，超过33人死于鼠疫。上饶县城广平镇、沙溪镇和广丰县城永丰镇成为鼠疫重灾区，许多人侥幸逃过了日军的屠杀，回家后却死于日军制造的鼠疫，甚至还有人家死绝户。10月，县城和沙溪镇发生鼠疫，死亡78人。瘟疫大面积迅速蔓延，人心恐慌。11月，上饶县城居民张桂炎为避"城中瘟疫"，逃到乡下沙溪亲戚家避难，不慎将鼠疫病菌传入沙溪镇，造成沙溪9人死于鼠疫。至11月8日，上饶、广丰两县鼠疫患者186人全部死亡。

上饶、广丰鼠疫的及时扑灭，得益于当时上饶医院院长刘任涛及其医护人员的高度警惕，及时对患者进行检验，发现并确定鼠疫的存在，并及时将检验结果报告驻军长官丁治磐军长，丁军长立即派出军队协助，把守城门，禁止逃难的居民回家，以免被感染，同时隔离患者，由工兵连用石灰和漂白粉消毒房屋，扑灭老鼠跳蚤，给疫区居民打预防针，才有效控制了鼠疫的流行。否则后果不堪设想。据刘任涛院长撰文回忆，当年的医疗机构在防疫过程中对疫区做过细致周密的调查，他们明确指出：上饶、广丰地区鼠疫及玉山疫病的流行均是日军撤退时散布细菌造成的。这是不争的事实。

当年12月，江西省卫生处针对日军发动的细菌战，开展开窗运动及灭鼠运动实施办法。

在玉山县，日军攻击的主要目标是玉山机场四周和浙赣铁路沿线村庄。日军撤退以后，玉山县突然爆发大面积的疫病，疫病高发区集中在玉山机场周围20～30平方公里范围和浙赣铁路沿线的玉山县岩瑞镇、下镇镇长达15公里左右的区域，疫病流行的情况非常严重。日军对玉山使用了炭疽病菌和霍乱病菌攻击，受害者全身皮肤溃烂，尤以腿部最严重，烂脚、烂腿、生疮、流脓水或黄水，流到哪里就烂到哪里，而且终身不愈，极其痛苦。还有大量村民死于大肚子病和霍乱等病，发病时，忽冷忽热，浑身发抖，或者拉痢不止，状况惨不忍睹。许多100多户的村庄仅存寥寥数户，许多十几口人的大家庭死得仅存一二，有些村庄死绝无人烟。玉山县岩瑞镇的老人祝腮菊回忆说："当时村里死了好多人，到玉山县城去买棺材，早上去买，晚上又去买，一天要买好几口。有的人家死了人没钱买棺材，后来棺材也买不到了；有的全家死光，没人去埋，也不敢去埋；家家死人，尸横遍野，稻谷烂在田里没人去收割，村庄里全死光了，或剩一两户也都搬走了。"据《日军对上饶地区实施细菌战的调研报告》记载："下镇镇毛宅村原有500多人，瘟疫后只剩200多人；岩瑞镇田畈村梅花墩原有100多户，只剩16户；关山桥村的蔡家，只剩蔡顺花和她女儿两人；宅前村原有600多人，只剩下300人；龙头山、老虎窝、关坑、五村坛、杨家畈、上腮蓬、下腮蓬、五里洋等村和周围地区，基本上死光了。""日军731部队第一部雇员古都良雄在供述中提到，在玉山有中国战俘营两处共囚3000人，日军用注入了伤寒菌和副伤寒菌的烧饼投给俘虏吃。目前，死于细菌战的中国军方人数是无法统计的。1940年的细菌战也没有死亡记载。"粗略估计玉山县受细菌战危害死亡数千人。

因当时人们对细菌战的隐蔽攻击性多不了解，而其发病特点又与自然流行病相似，受当时医疗条件和统计数据所限，实际受害者数字远不止此数。遗憾的是当时上饶的医务人员虽然及时发现了细菌战造成的瘟疫流行，但医疗机构并没有把当时的资料保存下来，对一些物证没有做好保护，导致后期调查取证工作增加了相当的难度。现今日军在上饶细菌战的幸存者虽多已过世，但侵华日军在上饶实施细菌战攻击的事实是不容抵赖的。

抗日战争结束后多年，鼠疫的后遗症在上饶一直遗留多年。因鼠疫杆菌在鼠体内有一定的潜伏期及繁殖期，而带菌的老鼠是到处跑的活体，短期内难以彻底消灭，每年都有患病的病例，而且不知何时就会有一次大爆发。1946—1947年，上饶县又发生3个疫点，发病126人，死亡80人。1948年，万年县爆发流行腺鼠疫，发病47人，死亡40人。直到1950年后，疫情才基本被遏制。

直到20世纪七八十年代，距日军投放细菌已过去了几十年，上饶地区卫生处仍然每年都要组织医务人员，在发生鼠疫的居民区捕捉老鼠，检测鼠疫杆菌的存活数。所以灭鼠活动也成为上饶此后每年例行的活动，一直延续至今。

注：本文部分数据参照《日军对上饶地区实施细菌战的调研报告——江西省抗战时期人口伤亡和财产损失（上卷）》。

（作者简介：商建榕，上饶市抗战文化研究会会长，上饶市政协文史馆馆员）

【名人轶事】

丁治磐将军筑上饶"倭子坟"

罗时平

1942年5月浙赣战役爆发，6月14日日本军队占领了上饶，8月19日中国军队第二十六军军长丁治磐率军收复上饶城，命令所属四十一师师长董继陶搜集日军尸体500余具，在上饶火车站五桂山附近筑起一座"倭子坟"，丁将军亲自撰书墓志，勒石碑记之："倭寇陷上饶两阅月，杀掠不可计数。我陆军第××师战于象鼻山，中华民国三十一年八月十九日克之，收瘗倭人尸五百许，筑为京观，以奋国人。曩见狼山道上有倭子坟。明万历间，倭人入寇，南道州民曹顶者，愤杀倭百数，顶亦身殉，去坟百武，有曹公庙，所以祀顶也。顶一莽夫，以杀贼千秋，及今寇焰未熄，国人岂无曹公乎。"丁将军亲自撰写的墓志全文仅140多个字，具有极高的政治文化价值，演绎出上饶威武雄壮抗战丰碑的深厚历史文化。

抗战名将丁治磐将军

一、抗战名将丁治磐其人

上饶倭子坟筑立者丁治磐，原为直鲁系军人，北伐后加入国民革命军阵营，抗战一举成名。丁治磐，1894年出生于江苏省东海县，幼年接受了完整古文教育，诗赋、古文、书法根基扎实，1912年3月考入江苏陆军讲武堂步兵科一期，12月毕业任陆军第十六师赵念伯旅学习官。1914年8月考入江苏军官教导团，1916年11月毕业任职陆军七十六混成旅步兵一五一团。他文武兼备，晋升极快，从少尉排长、连长、营长，到1925年春任直鲁军徐源泉部中校主任参谋，后任第五旅、第二十三师、第六军、第二方面军前敌指挥部、第六军团参谋长，军衔升至中将，多次参加北方军系间之战争及对抗国民革命军北伐之作战。1928年随同徐源泉加入国民革命军，授少将军衔。1931年他加入中国国民党，调任第十军四十一师一二一旅旅长，先后率部参与"围剿"洪湖和鄂豫皖苏区。1933年10月，入陆军大学第十二期深造，1936年11月毕业后任第十军参谋长。

抗战初期，丁治磐任第四十一师师长，参加南京保卫战，1938年参加武汉会战大别山系列作战和襄河冬季攻势，因功获陆海空军一等奖章，晋升为陆军中将。1940年参加长江上游作战，1941年参加第二、第三次长沙会战，战功卓著，1942年1月擢升任国民革命军第二十六军军长，随即转战第三战区参加浙赣战役。丁治磐率第二十六军从湖南增援第三战区金华、衢州一线作战，后退守上饶信江南岸与日军对峙作战，8月19日收复上饶，为纪念上饶抗战之战功，筑一座倭子坟，成为上饶抗战的伟大历史丰碑。浙赣线战事结束后，丁治磐率第二十六军转战第三、第九战区浙赣湘境内，1944年秋冬参加桂柳会战，1945年参加闽湘桂等省反攻作战，9月15日担任衡阳日军投降的受降主官，获美国银橡叶自由勋章。抗战胜利后调任第二绥靖区任副司令官兼青岛警备司令和行政长官，1948年秋任江苏省政府主席兼京沪杭警备总司令部副总司令。1950年赴台湾后被聘为"国民政府国策顾问"。后脱离军界，任"中华学术院"诗学研究所名誉所长，以诗词、古文、书法自遣，为一代大家。1988年因病在台湾逝世，享年94岁。

二、浙赣战役中的上饶

丁将军上饶倭子坟墓志开篇第一句："倭寇陷上饶两阅月，杀掠不可计数"，描述了浙赣战役上饶遭受入侵日军烧杀抢掠的惨景。

浙赣战役是1942年夏季，日军为摧毁中国在浙江衢州、丽水和江西玉山机场，打击国军第三战区主力而发动的一场战争。1942年4月18日由杜立特中校率领的美国特别飞行中队16架B-25中型轰炸机从第16特混舰队护航的"大黄蜂号"航空母舰上起飞，轰炸了日本东京、名古屋、大阪、神户等地后，飞至中国浙江衢州、丽水和江西玉山等地机场降落。这次突然轰炸引起日本朝野和本土陆、海军的极大震惊，对本国的空防能力产生怀疑，开始感到本土已不安全。日本大本营为防止中、美空军利用中国浙江、江西一带的机场对日本本土实施"穿梭式轰炸"，决定立即组织浙赣战役，打通浙赣线，摧毁中国浙赣线上的空军基地和机场。5月13日，东线日军第十三军从杭州出发，沿富春江和浙赣线西进，向第三战区东部发起进攻。5月下旬，西线日军第十一军从南昌沿浙赣线东进，与东线日军会合。中国军队原计划组织兰溪、衢州会战，但最终没有实现。5月23日日军攻陷金华、兰溪后长驱直入，战役转到了上饶境内。6月12日日军攻占玉山，6月14日日军攻占广丰和第三战区长官司令部所在地上饶。西线日军6月29日攻陷弋阳，7月1日与东线日军会师横峰，浙赣线被打通。

上饶沦陷，侵饶日军实施惨绝人寰的"三光"政策，上饶共有万余名无辜民众惨死在日军的屠刀之下。上饶县城广平镇早在1937年9月就遭日军飞机的轰炸，造成人员伤亡最多的一次是1941年4月中旬一天，日军飞机轰炸县城和第三战区司令长官部驻地皂头，24架飞机轰炸县城，12架飞机轰炸皂头。县城1里多长的中街两旁所有店铺全被炸毁，炸死、炸伤680多人，尸体遍地，断垣残壁，一片废墟。日军占领上饶70天时间里，大肆杀人，手段极其残忍。日军在上饶汪家园和荷叶街一次杀害村民60多人，在郑家坞村杀害村民20多人，在灵溪把抓来的40多个村民刺杀后踢下河，鲜血染红了一片信江河水。尊桥一个村民被日军绑在树上，被挖了眼睛，割了耳朵，剖开胸腔取出心脏。据1946年4月《江西省抗战损失总报告》记载，上饶县伤亡4446人，其中死亡3501人；被日军烧毁房子1896栋，损失现款2800万元，粮食19.9万担，食油1370担，猪9400头，牛2200头，全县损失总额价值145.6亿元法币。尤其恶劣的是臭名昭著的日军731部队专门组织了一支远征队，随日军浙赣战役部队攻入上饶后，在上饶、广丰、玉山铁路沿线撒播3个种类的细菌：一是鼠疫杆菌的跳蚤，二是注射了鼠疫杆菌的老鼠，三是把干燥鼠疫杆菌混入米中，做成食物，达到鼠—跳蚤—人循环感染的效果。731部队远征队还装扮成老百姓到农村投放细菌，散发带菌食品，扩散鼠疫，致使这些地方在日军撤退后不久就发生了鼠疫。上饶县城发现鼠疫患者66人、沙溪镇鼠疫患者12人和广丰鼠疫患者42人全部死亡，玉山600多人口的宅前村死的只剩下100多人。日军在上饶的罪恶天怒人怨，罄竹难书。

三、第二十六军在上饶对日军作战

丁将军上饶倭子坟墓志的第二句话："我陆军第××师战于象鼻山，中华民国三十一年八月十九日克之，收瘗倭人尸五百许，筑为京观，以奋国人"，传递了第二十六军在上饶对日作战的重要信息。

浙赣战役中，国军以军为单位在东线部署了7个军、在西线及赣西部署了4个军迎敌，丁治磐将军第二十六军被部署在东线作战。第二十六军原为杂牌军，全军有4万多人，下辖第三十二师、四十一师、四十四师3个师。丁治磐原任师长的第四十一师老底子是大清老二十镇的部队，第三十二师是冯玉祥所属梁冠英部改编而来，第四十四师是前任军长萧之楚自带的山东第五混成旅改编的，这3个师都是老部队，各有历史，都自认第一。丁治磐没当过副军长，在国军体系中无人事背景，打完3次长沙会战后，凭战功突然由师长被越级提拔为第二十六军军长。他上任之后，立即着手完成了前任军长萧之楚开始的军队整编，经过整编，第二十六军接受了大量美式装备，号称美械装备军，成为为数很少的中央直属整编军，并作为中央直辖战略预备队，随时准备调动到战况紧急的战区。

浙赣战役爆发，第二十六军紧急奉调浙江前线抗敌，还未抵达，金华、衢州机场就被敌人攻占，第二十六军赶到衢州外围山区参加作战。衢州失陷后，丁治磐第二十六军、王耀武第七十四军、王铁汉第四十九军等部队后撤到上饶信江南岸与日军对峙，迟滞并反击日军。第二十六军第四十一师在信江南岸占领阵地，击退了跟踪追击的日军，将其阻止于信江北岸。第三十二师与第四十九军第一〇五师协同作战，在广丰十字垅歼敌300多人，在五峰山歼敌400多人，在乌岩山歼敌90多人。6月20日第二十六军发起反攻，向北推进至信江南岸，以第四十四师一部渡信江进攻日军，击退三江桥、象鼻山的日军。日军21日开始反击，该部即撤回南岸。此后，上饶的中日两军除不时有小的战斗外，基本上形成对峙态势。8月19日，日军第32、第15、第22师团分别从玉山、广丰、上饶同时向衢州撤退，第二十六军所属四十一师随势收复上饶。第三战区发觉日军撤退后，于8月20日下令各部跟踪追击，各部队接到命令后，并未采取积极的攻击行动，仅派出小部兵力与撤退日军保持接触。到9月底，日军除在金华、兰溪、武义一线固守，其他部队均回到战役前原驻地。国民党军事委员会参谋长封裔忠即下令各部队停止攻击行动，浙赣会战由此结束。

四、筑上饶倭子坟振奋国人

第二十六军收复上饶后，丁治磐将军效仿古代战争的做法，收敌尸立倭子坟，筑为京观。何为京观？京观指的是古代战争战胜方把敌军的尸体和头颅全部堆积起来，盖上泥土夯实，筑成金字塔形状的高冢。这是我国古代军队作战时的一种惯例，古时又称为"武军"。为什么古代要把敌军的尸体堆积起来做成"京观"呢？一是为了显示自己的军威和战功，提高军队士气；二是通过这种炫耀战功的方式来向敌军显示自己的实力，惩罚和震慑敌军；三是古代医疗水平落后，把敌军的尸体堆积起来，筑成土堆能有效减少瘟疫的发生。

筑倭子坟古代有之。明万历年间，南道州（今江苏南通）为纪念杀倭牺牲的州民曹顶，建有倭子坟和曹公庙。丁将军当年驻军南通，亲身拜谒过曹公庙。他在墓志中的"筑为京观"又指：南通城南入城山路中段路旁，有一处高约25米的土墩，顶端建有一亭，名为"京观亭"。京观亭建于1917年，

"文革"中被毁,于1982年重建。亭下土墩中部镶嵌着一块石刻,上书"倭子坟"三字,相传为埋葬500名倭寇尸体的坟地;丁将军墓志中写到的曹顶,系南通余西人,在明嘉靖三十三年的南通保卫战中,他率水军在城外阻敌,英勇杀贼,为保卫通州建立了战功。嘉靖三十六年(1557)倭寇从掘港入侵,进犯通州,曹顶驱马扬刀,追杀敌酋,至城西北单家店,因天雨道路泥泞,坐骑跌倒而遇害,时年44岁。曹顶殉国后,通州人民为了纪念抗倭战斗的胜利和警示来犯的倭寇,将曹顶的遗体和战马一起安葬于城南路中,并建祠堂一座,以示纪念。后人称曹顶为"曹义勇将军",故"曹公祠"亦称"曹将军庙"。这座立于明朝的倭子坟得到历朝历年人民的修缮,却被日本人当作耻辱的象征而耿耿于怀。近代不少日本人前往南通考察,试图用各种手段买下这座坟,要改建成日本武士殉难的纪念祠,遭到了南通各界人士的反对。近代著名实业家、政治家、教育家张謇看到日本人的嚣张气焰,雇人重新整修倭子坟和曹公祠,建亭于其上,取名叫"京观亭",还塑了一个提着刀骑着马威风凛凛的曹顶像,张謇专为曹公祠撰楹联一副:"匹夫犹耻国非国,百世以为公可公。"抗战爆发后,日军对南通倭子坟和曹公庙展开了疯狂的报复式空袭。从1937年8月17日开始,日军飞机对南通展开了持续近一周的狂轰滥炸,美国基督教会医院、中小学校和纺织厂以及居民区等非军事设施都成为轰炸的主要目标,造成了惨重的伤亡。

丁治磐将军所筑的上饶倭子坟历经沧桑,随着近些年城市的扩建而消失了。据上饶市文史专家汪增讨先生调研:1973年上饶市第三中学从北门乡外沽塘182医院农村迁上饶市五桂山第十小学旧址(现万达广场东面与明叔路区域),第三中学在五桂山新校区基建时,挖出了大量身着日军军服的遗骸,还有日军的衣帽、钢盔等,汪增讨先生判断这就是上饶倭子坟的地址。虽然上饶倭子坟现在不复存在了,但丁治磐将军筑上饶倭子坟的历史功绩永远记录在上饶的史册上。

上饶倭子坟,坚定了上饶人民坚持抗战报仇雪耻之决心,振奋了上饶人民抗战胜利的信心,使上饶世代子孙对日军铁蹄践踏上饶惨无人道的暴行永志不忘,对抗战前辈反抗侵略、保家卫国的千秋伟绩永志不忘,并对抗战前辈们筑上饶倭子坟所体现出来的尊重死者的宽大胸怀无限钦佩。

上饶倭子坟既是日本侵略者在上饶犯下罪行的铁证，也是抗战前辈给上饶留下的一份丰厚历史文化遗产。在中国历史上，如此规模的有文字记载的倭子坟，除了明代的南道州，就是现代的上饶。专门作有墓志而流传后世的倭子坟，全国唯独上饶。

陈宝骢与杜立特行动飞行员

罗时平

　　1940年10月至1943年初，陈宝骢医生在第三战区司令部任卫生处中校卫生督察，在此期间，陈宝骢医生与美国杜立特行动的飞行员在上饶结下一段抗战情缘。

　　1942年4月18日，美国空军詹姆斯·杜立特中校率领16架B-25B轰炸机从"大黄蜂"号航空母舰上起飞，超低空进入日本领空，分别轰炸东京、横滨、名古屋、大阪、神户目标，这就是著名的杜立特行动。原定16架B-25B轰炸机完成任务后降落浙江衢州、丽水和上饶玉山机场，由于杜立特行动提前了空袭时间，飞机航程不够，加上美军没有及时通知中方，衢州、丽水和玉山机场导航一直处于关闭状态，所以16架轰炸机只有8号机组降落苏联海参崴，其他

陈宝骢医生

15架飞机在浙江和江西全部坠机。其中，16号机组坠落南昌，5名飞行员被日军俘虏；9架飞机（1、2、3、5、6、7、10、11、15号机组）坠落浙江，42名飞行员跳伞被营救；9号机组在江西宜黄坠落，5名飞行员被营救；4、12、13、14号机组飞机在江西上饶区域坠落，17名飞行员被营救。16个机组共80

名飞行员，64名在浙江和江西获救，5名逃离苏联回国，4名战后获释，牺牲7名。

4月19日，在上饶的第三战区司令长官顾祝同向战区所属各机关部队及赣浙闽皖地方政府发出皓电通报：18日午轰炸东京之美机一批因气候关系降落浙赣境内，各部队机关及地方政府对此项被迫降落之盟国飞机与其人员应抢救保护，希饬属知照。

上饶军民冒雨抬美军飞行员行军

陈宝骢作为第三战区卫生处中校卫生督察和著名医生，参与了受伤飞行员的治疗，他最先接触的是14号机组的飞行员。杜立特行动14号机组从航母起飞后顺利地对名古屋城市附近的兵营和南部的三菱飞机制造厂投弹。完成投弹后，返程向西飞往中国，于深夜在上饶广丰北部上空弃机跳伞，5名飞行员安全着陆被营救。机长希尔格少校在跳伞时伤了肋骨，副驾驶西姆斯为他做了紧急处理，用急救包胶带紧紧绑扎希尔格的胸部，但后来才知道，这是当时能做的最坏的一种急救，致使希尔格坐卧不能。

4月19日下午，当地政府用黄包车和轿子把5位飞行员陆续送到县政府，住宿在广丰县城西街烟叶公馆楼上，被待以英雄上宾之礼。顾祝同指令驻扎广丰的第三战区宪兵十五团上校团长张慕陶派出宪兵警卫保护，江西省第六行政区（上饶）行政督察专员兼保安司令易希亮赶到广丰慰问，陈宝骢随同为希尔格少校诊断治疗。

14号机组机长希尔格少校得到第三战区医生的治疗

4月20日上午，易希亮专员从上饶调了一部客车，护送14号机组5名飞行员到达上饶皂头镇第三战区司令长官部，陈宝骢一路陪同伤员希尔格少校。第三战区顾祝同司令长官和炮兵司令唐子长将军设宴款待了14号机组5名飞行员。14号机组5名飞行员在皂头一直待到晚上，然后坐汽车到上饶火车站乘火车去衢州集中，陈宝骢与飞行员告别。14号机组经过7个小时的路程，于4月21日3点到达衢州。

4月26日，各地陆续送到衢州的杜立特行动飞行员共有45名。顾祝同派出炮兵司令唐子长将军和《前线日报》总编辑宦乡前往衢州代表慰问在此集中的飞行员。4月27日中午，美国空军领队杜立特中校亲自率14号机组希尔格少校和西姆斯中尉来到上饶第三战区长官司令部，与顾祝同司令长官会晤，答谢第三战区对突击行动跳伞的飞行员积极营救和周到安排。杜立特与顾祝同还协商了营救被俘飞行员事宜，顾祝同表示愿意尽力从伪政权手中赎出被俘飞行员。杜立特要求组织人员搜索降落在国统区的飞行员，顾祝同向所属部队和地方政府下令搜寻杭州湾到温州湾沿线一带，告诫海岸线各船只留意落海的机组人员。晚上顾祝同请杜立特和希尔格一行与4个苏联军事顾问一起吃饭。宴会结束后，顾祝同还给了杜立特2万元中国法币。后来希尔格少校很是感慨地回忆："他们无法为我们做更多，自从我到中国以来，我没有花一分钱。他们是很好的人，我们都同意要为他们而战。"4月28日下午，杜立特和希尔格还专门去唐子长将军的家里拜访。唐子长将军派了一个警卫作为他们的随护，这也让他们很感动。

在第三战区的组织安排下，中国军民合力演绎了拯救美国飞行员的动人历史，所有得到中国军民营救的飞行员没有一人落入日军之手，最后共有45位获救美国飞行员从衢州出发，19位飞行员从上饶出发，辗转来到衡阳，这些飞行员在衡阳空军基地登机到重庆继续参战。

杜立特中校在上饶的几天时间里，陈宝骢与希尔格少校再次相遇，分外亲切。陈宝骢做过德语翻译，能说英语，喜运动，善交际，医术高。他以第三战区司令部卫生处中校卫生督察的身份为6名受重伤住院的美国飞行员诊疗，与美国飞行员相处关系融洽，并给美国飞行员留下自己家庭住址的名片。

2018年10月，杜立特行动14号机组领航员詹姆士·马西亚的儿子汤姆·马西亚怀揣父亲保留了76年的陈宝骢和其他人的名片，来

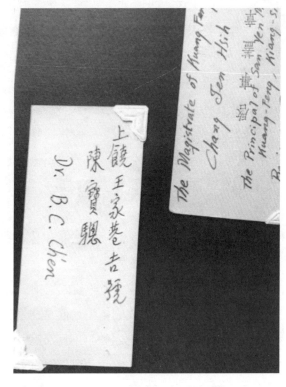

陈宝骢医生给美国飞行员留下自己家庭住址的名片

到上饶寻找当年父亲的救命恩人及后人。汤姆·马西亚是美国一名退役陆军军官，这是他第一次来中国。他此行的目的是出席衢州市杜立特行动纪念馆开馆仪式，更主要的是要来寻访他父亲在上饶广丰被营救的历史足迹和当年救命恩人的后人。借此次参加衢州杜立特行动纪念馆开馆仪式之机，汤姆·马西亚着手准备上饶和广丰之行，做足了四个功课：一是把父亲遗留下来在上饶和广丰的照片和名片做成了一个精致的影集；二是专门请教了一位美国历史学家，请他提供了美国空军档案中关于他父亲在上饶和广丰的有关文件；三是联系了一位在加利福尼亚州的华裔美国人，向他咨询上饶和广丰的基本情况；四是在上海聘请了一位翻译兼导游，联系了上饶电视台和相关部门。完成功课后，汤姆·马西亚于10月22日至24日到广丰和上饶进行3天寻访。在这3天的寻访活动中，汤姆·马西亚受到上饶地方政府和当地人民热情的接待，找到了父亲坠机跳伞获救的现场。但遗憾的是，汤姆·马西亚没有找到父亲那些名片和照片上的人，所以，他在现场收集了一点土壤和石子用降落伞的碎片布包起来带回美国，以便与父亲经历的其他物品收藏在一起，让他与中国以及1942年事件和地点有了密切的联系。

10月25日，衢州市杜立特行动纪念馆开馆仪式上，汤姆·马西亚与上饶市历史学家罗时平教授不期而遇。汤姆·马西亚对罗时平教授说："1960年我在上高中的时候，父亲指着地图的一处告诉我，他曾在1942年4月在中国上饶广丰被中国人营救，他说他的生命是被善良的中国村民、政府工作者和士兵们拯救的。父亲的后半生中，中美关系比较紧张，他没有条件来上饶广丰寻找救命恩人。但他保存了很多1942年4月在上饶的照片和名片，并用英文在这些名片上记下了名片主人的名字及其职业，这意味着当年的安全营救对他的重要性。直到2009年父亲逝世，我才认识到必须真正去了解父亲过去以及对他人生中最重要的一些事情。"

汤姆·马西亚的影集中的一张陈宝骢医生的名片吸引住了罗时平教授。这张名片第一行没有主人的头衔，而是住址：上饶王家巷吉号；第二行是名字：陈宝骢；第三行是汤姆·马西亚父亲手写英文注明：Dr. B. C. Chen。罗时平教授通过网络和历史档案找到了陈宝骢医生的基本信息。

陈宝骢，广东新会县外海乡人，1897年出生，其父陈芝昌是律师，陈宝骢少年时代随父亲辗转在广州、北京、松江、天津等地求学。在天津大营门中学（天津海河中学前身）读书时参加学生运动，毕业后担任天津学联职员，与天津学生界领导人南开大学的周恩来一起参与五四运动。1920年1月23日，天津学生抵制日货被当局警察毒殴，陈宝骢受伤最重，与周恩来等27名各界代表被捕。周恩来在《警厅拘留记》《检厅日录》中，对陈宝骢伤重期间坚持抗争的记述颇令人震动。4月23日，陈宝骢被准出狱到德美医院就医。6月18日晚，周恩来召集学联全体会议，欢迎陈宝骢出院。

1922年，陈宝骢考入上海同济大学医科就读，在上海学生联合会结识了国共汪精卫、萧楚女、恽代英、邓中夏、何秉樊、侯绍裘等人。1925年5月4日，同济学生会成立，袁文彬当选为会长，陈宝骢担任委员。同年，陈宝骢加入中国国民党。6月13日，淞沪学生为日纱厂枪杀工人顾正红事，有组织地向上海租界出发讲演募捐时，陈宝骢遭巡捕铜棍痛击头部，伤势很重。6月20日，《申报》载同济大学《五卅血》特刊第三号刊有陈宝骢受伤照片。陈宝骢伤愈出院后，继续以上海学联经济绝交部职员代表身份与当局严正交涉，后被迫南下奔走呼号。1926年春，陈宝骢因参与领导"反抗签署誓约书"风潮而被同济大学校方开除（1948年3月23日，同济大学校长丁文渊为陈宝骢签发了同济大学医学院民国十一年至十五年六月修业证书），遂在广州参加国民政府北伐革命。6月1日广东召开五卅周年大会上，报告五卅惨案经过者就是上海同济大学代表陈宝骢。

抗战军兴，陈宝骢于1938年1月从广州赴武汉八路军办事处找到周恩来夫妇，向其表明抗日救亡决心，周恩来夫妇分别为陈宝骢题词："坚持长久抗战，争取最后胜利！""为中华民族解放奋斗到底！"陈宝骢随即留在武汉投入抗日救亡运动，先后在中国救护团第二大队、第八重伤医院、第五十九后方医院从事医务工作。

1939年初，经周恩来介绍，陈宝骢前往安徽中村参加新四军，任教导总队医务主任兼医务所所长。后被派往中国香港、菲律宾、马来西亚等地区，向爱国华侨募集医疗器材、药品。1940年10月，因健康原因经批准返乡养病，途中滞留上饶。经国民政府第三战区长官部副官李光明举荐，任第三战区司令部卫生处中校卫生督察。

　　1943年初，陈宝骢辞去第三战区卫生处中校督察一职，在上饶南门附近的福星观创办上饶灵山医院，笃志医疗，救伤救病，技术过硬，为老百姓所称赞。新中国成立后，陈宝骢在镇压反革命运动中被打成反革命，1951年被判刑6年入狱。1954年提前出狱，被安排在上饶市立医院担任内科医生，以后还担任了江西省政协委员、上饶市政协第五届、第六届两届常委。陈宝骢医生一生经历坎坷，54岁这年身陷牢狱，丧妻之后又丧长女，此后未再续弦，并把4个孩子培养出来继承父业。他仁心济世，医民治人，1983年2月4日因病逝世，享年86岁。

　　家住美国弗吉尼亚州阿灵顿市的汤姆·马西亚得悉陈宝骢医生的这些信息，感慨万千。他在回复新华社的通讯采访中说："我很高兴并且非常感谢记得1942年事件的上饶人民，很感谢给予我很大帮助的中国朋友。 我感到鼓舞的是，我个人与相遇的中国朋友们建立了良好的友谊。我希望通过这份鲜血凝成的友谊，确保中美之间继续保持良好关系。"

　　注：本文图片由陈宝骢之女及汤姆·马西亚提供。

我的家族抗战史

——听爸妈说抗战的故事

商建榕

我生在南方，在上饶长大。父母是1949年南下到江西的，辗转定居在上饶。我的家乡，远在千里之外的冀中大平原上——河北省沧州市泊头市。泊头原名交河县，抗日战争时，那里是著名的地道战之乡。抗日名将吕正操曾有这样的评价："抗日战争期间，冀中人民流血牺牲，所受灾难极其深重。广大群众经受了战火的严峻考验，对革命做出了巨大贡献。"从我记事时起，就在父母和长辈们断断续续的叙述中，认识了抗日战争的残酷和日军的暴虐。从1937年"七七"事变起，直至1945年8月15日日军投降，家乡沦陷8年，长辈们在艰苦卓绝的环境中与日军抗战8年。其间，祖父为保护县委干部转移到地道口，被日军和汉奸杀害；外祖父侥幸从日军大屠杀的枪口下逃脱；母亲为掩护县委干训班的突围，腿部负伤；父亲因为是抗日干部，名字被日军列入"黑名单"通缉，改名换姓，历经险境，凭借着机智勇敢和地道的掩护才屡脱险境……每年的抗战纪念日，对我们都有着非同一般的意义，父母总不禁说起抗战中的亲身经历和那些牺牲的战友。那些悲壮惨烈的故事，我至今仍记忆犹新。

地道游击战

抗战之初，善良的中国百姓还不懂如何保护自己，而日军所到之处，除了肆意地烧杀抢掠、实行惨无人道的"三光"政策外，撤退时还要将所有的水井投毒，往灶台锅里浇粪便；把带不走的粮食全部泼撒在地，拌上大粪和秽土；将幼童盖在锅里煮死，奸杀妇女割去器官曝尸村道，其暴行虐施令人发指。为躲避日军的杀戮，乡亲们开始在地窖和炕洞下挖掩体，储粮藏身。母亲说："起先是各家挖各家的，因房屋相近，左邻右舍的掩体常在无意间挖通，无形中扩大了人们在地下活动的范围。"

1938—1939年，家乡人民在中共地下党的领导下开始有组织地挖掘地道，由起初的单个地窖掩体，逐渐发展为房连房、街连街、村连村的联村联户的地道网络。

而家乡特殊的地质结构——地表干燥坚硬的盐碱地，也为挖地道提供了有利条件（若是在南方，说不定一挖就见水或坍塌了）。乡亲们在实战中不断总结经验，将储粮藏身的仓储式地道改成了可攻可守的战斗工事，牲口槽、磨盘碾台、立柜、炕洞、墙角、锅台，甚至水井里，到处都是地道口和瞭望口，能打能躲，而且具备防水、防火、防毒的多种功能，人们凭借地道与日军展开了有效的游击战。听母亲说："当年家乡地道战运用最好的便是赵庄和我的老家王官屯、邻村高庄（外祖父家）、刘下码头一带，其中赵庄是当年的抗日堡垒村—中共献交县委所在地。从王官屯—刘下码头—千里屯—郝村镇—泊镇的地道，当时已成为中共抗日政府的地下交通干线，人称'地下长城'。"父亲说："有一次他在地道中断断续续行走了七天七夜，出洞口时，竟不知身在何处，几乎村村的地下都挖通了。"

前几年看到一篇考证文章，说在河北一带发现了三国时期的古地道，可见家乡人民早在千年前，就已经知道利用地道进行实战了。

英勇的民兵连长

那时许多抗日干部为避免日军的残害，连家都搬进了地道。父亲说老家有个民兵连长，妻子生孩子、坐月子都在地道里。有一天，那民兵连长从地道回到家中，给妻子熬好一锅粥，刚想端回地道，恰逢日本日军进村，不幸被捉。那时的青壮年是日军的主要捕杀对象，民兵连长自知无法生还，便赤手空拳与日军展开搏斗。日军一拥而上，先用刀砍去他的双臂，逼问地道口；

勇敢的民兵连长便用腿去踢日军，日军又砍去了他的双腿；他用尽最后的气力，大骂日军，日军又将他的舌头割掉。这位可歌可泣的民兵连长，双目圆睁，用仇恨的目光，一直怒视着日军，直到壮烈牺牲。

他的妻子在地道瞭望孔里目睹着这惨烈的搏斗，痛不欲生，却只能咬紧牙关眼睁睁地看着丈夫被害。那种任人宰割的撕心裂肺的悲愤，或许是现在的年轻人所无法理解的。抗日战争后来演变为全民战争，势在必然。

外祖父枪口逃生

为了破坏地道，日军隔三岔五地前来偷袭围剿，母亲说："就像电影上演的那样，日军每次一进村，总是先耀武扬威地放上一通枪，再驱赶村民集中一处，四周架以机枪，接着拷打村民逼问'八路'和粮食的下落、地道口的位置。乡亲们不说，日军就用机枪扫射屠杀。有时因群众人数太多，而日军人少，这边一扫射，那边就炸了窝，人们不顾一切四面奔逃。"有一次，日军把高庄村民驱赶一处，逼问地道口在哪，谁是抗日分子，没人答话，日军便开始架机枪屠杀。外祖父高维春是个血性汉子，一声高呼"和日军拼了！"乡亲们群起与日军扭打，抢夺武器，趁乱四散逃离。参加了"抗日老年团"的外祖父，仗着身材魁梧，打倒身边的日军，钻进高粱地奔逃，头上不断有子弹嗖嗖飞过，只能猫着身子在密密的高粱间穿行。靠着一望无际的"青纱帐"掩护，外祖父在庄稼地里爬了七八里地，才侥幸从日军的枪口下逃脱。

外祖父向我讲述这段经历时，我才10岁。记得那是一个除夕夜，有人说我的新年衣着很像北方的小姑娘，外祖父忽然有感而发，回忆起抗日的艰难岁月，想起某个与我十分相像、被日军杀害的小乡亲。那次屠杀，高庄有不少乡亲惨死在日军枪下。在一阵阵辞旧迎新的鞭炮声中，外祖父那低沉感叹的声调，与新年的欢乐气氛形成强烈反差，令人终生难忘。因为在过年的喜庆日子里述说这些悲惨往事，外祖父当时还被外祖母着实埋怨了一番。

笔者在河北省泊头市高庄村巷，脚下即为当年抗战时遗留的地道遗址

　　前些年我回乡省亲，去高庄给外祖父、外祖母扫墓，特意向乡亲们打听高庄的地道遗址。老辈人说，高庄街巷下面尽是地道，有时建房打地基常常会挖出一截来。20世纪50年代，哥哥年幼时随父母回乡探亲，还钻到残存的地道中去玩耍过，甚至还在地道里捡过一把锈迹斑斑的长枪。人们告诉我，1954年的大洪水淹塌了很多地道，后来知情的老人们陆续去世，高庄和王官屯遗存的地道渐渐废弃塌陷，不为人知。

周恩来为父亲取名

　　父亲在家乡进行抗战时，处境险恶，日军与汉奸点着名到处抓父亲，家被烧了，一家人东躲西藏，朝不保夕。为保护家人，父亲于是频频改名，以化名在地道中坚持抗日斗争。听父亲说，抗战前期他除了商振江的大名外，先后使用过十多个化名。他曾兴致勃勃地把用过的几个化名写给我看，依稀记得有商速华、商卫华、李保园、商文成、商福华等。

　　1939年，因敌后抗日斗争的需要，父亲被中共交河县委选送边区抗日军政大学，学习文化与政治、军事，父亲进步很快，没多久便成为那批学员中的佼佼者，甚至还当了一阵子小教员。后来又去了延安。在抗大，父亲第一次见到了敬爱的周恩来副主席。有一次，抗大选送一批军政干部去河北敌占区开展抗日工作，父

中年时期的李明

亲因熟悉河北地情，枪法又好，被选为护送的领队。临行前夜，周副主席前去看望即将奔赴冀中前线的干部，得知父亲是领队，便与父亲聊了一阵。当

李明在晋察冀根据地（1940—1941年前后）

得知父亲的大名已被日伪军通缉，他立刻建议父亲改名。问了下家中情况，得知我祖母姓李，周副主席沉吟了一会儿说："我看你就叫李明吧！李明与'黎明'谐音，我们现在的处境就好比黎明前的黑暗，但黎明很快就会到来的。"从此，父亲便以李明的化名，奔走在根据地和敌占区之间。

　　1941年前后，父亲再次奉命带领20多名军政干部从根据地秘密返回冀中。这次任务完成后，父亲本来要回根据地复命，但恰

遇献交县委①机关遭受严重破坏，冀中急缺抗日军政干部，而父亲又是当地人，熟悉敌情地情，地方组织如获至宝，把父亲留在献交县委敌工部和武委会工作。那时县委机关隐蔽在距高庄和王官屯只有几里地的赵庄，父亲在那里一直坚持到抗战结束，才率军北上。其间一直使用李明这个化名，因为是周恩来副主席取的名字，父亲一直很珍惜。此后环境再险恶，他都一直保留着此名，直至离世，始终未再恢复原名。

母亲负伤

1942年春的一天夜里，父亲率领一批边区干部在老家王官屯与县委干训班会合，准备次日经地道辗转至郝村、泊镇等地，将这批干部分别交由各地的党组织领走。傍晚进村宿营时不慎被汉奸发现，密报给日军据点，日军立即调动大队日伪军前来抓捕。幸亏据点里的内线抄近路提前急报，父亲急忙率队转移，但仓促之间不知从何处走才能避开日军。母亲那时才16岁，担任区妇救会兼高庄妇救会主任，年少不引人注意，便出去打探日军

青年时期的高福明

的来向，哪知在壕沟里没走多远，便与日军正面相遇。

南方人也许不知，北方的大平原一望无际，一有人走路大老远就能瞧见。为掩护抗日活动，那时村村都挖了壕沟（俗称交通沟），在壕沟中行路，可以避开炮楼上日军监视的视线。抗战时的冀中平原上虽然碉堡林立，但沟路成网。沟中行走可以掩藏行踪，但视线却大受阻碍。而日军偷袭时也会利用壕沟，所以母亲才会与日军狭路相逢。按照事先的约定，母亲立刻大喊："娘啊，你快走啊！"这是通知干训班迅速转移并告知日军来向的信号。才喊了

① 1940年1月，冀中地委在敌人力量相对薄弱的交河与献县、武强3县交界区域，成立献交县委，辖3县部分区域。

两句，母亲大腿上便中了日军一枪，昏死过去。

待母亲醒来时，日军已追远，她拖着伤腿爬了1里多地，只听得四处枪声。恰逢一位大娘在家门前出来看动静，一见浑身是血的母亲，立刻将她背进屋里，迅速脱下血衣，填进炕洞里烧掉，又用被子把她裹在炕上，同时飞快地在炕下泼了一桶馊水，并用土灰将门口的血迹迅速掩盖。才做完这些，日军和汉奸便进了门，嚷嚷着要搜"八路"。好一位机智勇敢的大娘，从容地拦住日军说："太君，我闺女得了传染病，又吐又泻，可别传染了你们！"日军看看躺在炕上因失血过多而面色惨白的母亲，又闻到满屋的酸臭馊味，真以为遇到了传染病人，急忙捂住鼻子逃之夭夭。

日军一走，大娘立刻给流血不止的母亲灌了一碗童子尿，以民间土法迅速止住了伤口喷涌的鲜血，又急忙让她儿子去给外祖父送信。外祖父闻讯赶来，连夜将母亲接到高庄的地道里养伤，因无医药，每天只能用盐水清洗伤口，3个多月都未愈合。后来父亲得到母亲被救生还的消息后，四处寻访治伤的草药，才治好了母亲的枪伤。母亲的膝盖上一直留有一块大疤，导致以后行走不便。

大娘的义举，救了母亲一命；而母亲的警报，救了边区干部队和县委干训班32人。后来才知这位大娘也是中共地下党员，而所救那32人都是党组织培养的日语翻译，准备打入华北敌占区各条战线（这其中就有我的姑父鲁锡爵，后来成功打入日军兵工厂当技工，收集日军的军工情报）。母亲因此受到冀中军区嘉奖——500斤小麦和300斤玉米，并发给《伤残军人证》，在当时这已是很高的奖励了。

母亲伤好后，曾去拜谢过那位救她的大娘。后来南下离家多年，20世纪70年代再回乡时，家乡环境巨变，大娘家已无法找寻。母亲晚年时说起此事，一直很遗憾没有记下恩人的姓名、地址，也不知她的后人情况，连上坟祭扫的机会都没了。

锅台口突围

父母在抗战中到底遇过多少次险，已经无法计算。有一次，父亲与几个村干部被大队日军包围，堵在了地道里。村支书7岁的儿子因撤退不及，被日军抓住。日军先哄以糖果，继而又施毒打，逼他说出村干部藏身的地道口。那孩子小小年纪，却大义凛然，怒视着日军，只重复三个字"不知道！"恼羞成怒的日军对着孩子头部就是一枪。像这样舍生取义的事例，抗战时在家乡数不胜数。所谓燕赵多义士，连孩童也不例外。

这一切均被藏身地道的村干部们在瞭望孔里看得清清楚楚，村支书目睹着儿子被枪杀，仅一墙之隔，悲痛欲绝却不能出声——因为地道里不仅躲藏着村干部，还有几名武工队员和众多百姓。无计可施的日军随即开始了疯狂的挖掘，因汉奸的指认，地道口一个接一个地被发现、堵死、放毒气，情况万分危急。一村干部急中生智，忽地想起自家锅台下还有个出口，于是领着大家顺地道摸到他家锅台下，决定由此冒险突围。没想到那锅台掩板热得烫手，上面恰好有两个日军正兴致勃勃地烧煮着抢来的鸡。但此刻已迫在眉睫，顾不了那么多，父亲与众人简短商议之后，村干部迅速将衣服脱下绕在手上，把地道口烧得滚烫的掩板猛地一掀，只听"哇！哇！"几声惨叫，俩日军被突然飞起的锅台掩板泼洒的热汤烫得半死，吓得魂飞魄散。父亲紧跟着冲上去以铁锨猛击敌人（怕暴露不能开枪），其他干部群众趁乱迅速冲出地道转移至荒野。这段经历，据说后来被编剧采纳，成为电影《地道战》中的精彩片段。

《地道战》上映时，父母领着全家去观看，回来后热烈地讨论：剧中哪些事件是他们亲历的，哪些场景是他们熟悉的，等等，直至半夜。故而我早在年幼时就已知道影片中"那口大钟是冉庄的"。后来父亲回乡探亲时才听说，编剧采访了他在家乡的几个老战友，才有了剧中那些真实的剧情。但艺术不等于生活，父亲说起锅台口突围那一段时，很不满地皱眉："怎么能开枪？那不是把日军引来了吗？只能用铁锨打！"那时为了方便挖、堵地道口，地道里到处都存有铁锨，有时便成了父亲他们打击敌人的有力武器。而祖父的牺牲，也与这堵地道的铁锨有关。

祖父牺牲

我的家乡沧州，自古被誉为武术之乡，我的曾祖辈便是武术世家，家中开有很大的武术馆，以精湛的武术和绝门医技传家十多代。据说曾祖父是当地著名的武师教头，一呼百应，享有极高声望。清末时，曾祖父因领头抗租，被官府缉拿迫害，田产、房屋均被抄没，家中从此陷入赤贫，流离失所。曾祖父死在闯关东的路上，父亲6岁便沿路乞讨，供养病重的祖父母，全家几度沦于贫病交加的困境。但疾恶如仇、崇尚正义的家风却一直传袭下来。

祖父商在成是个非常忠厚纯朴的庄稼人，也是一个忠心耿耿的老党员。早在抗战爆发之前，就秘密加入了共产党，成为中共地下交通站站长，父母在他的影响下先后参加抗日革命工作。那时敌强我弱，中共地下组织在收集情报方面主要依靠群众的帮助。为安全起见，情报员之间互不联系，只是将情报一站一站传递出去。1940年初，日军中村三郎曾在《华北治安战》一书中记载："共军的情报收集、传递非常巧妙，往往会以最快的速度洞悉我军动向；他们行动敏捷，每一次清剿之前都会非常灵活地躲避……"

抗战开始后，母亲也成为中共地下交通员，是祖父的交通下线，但彼此并不知晓。机灵的母亲在传递情报时，无意中发现了祖父是她的交通上线，因为纪律约束却不能说破。于是每当祖父出去传送情报时，母亲便悄悄尾随去取情报，然后再传递出去。但祖父却始终不知他的下线是谁。时隔70多年，已经暮年的母亲，提起此事时依然很得意地微笑："每次看见他背上粪篓子出门，我就知道又有情报传下来了。我问：'爹，你干吗去？'他总是说'我拾粪去。'我就偷偷跟上他，看见他把情报藏在约定的石缝里，我就去取出来又送到下家。直到他去世，都没发现过我。"

1942年，父亲与32名抗日干部在王官屯遇袭，母亲报警后，父亲立即率队从地道转移。那时在地道里就像在迷宫行进，前面打头的人要负责寻找识别标志，开地道口；后面押尾的要负责关闭地道口，以防敌军追兵循迹而至。那天父亲打头阵，县委前来接应的战友王林押尾关洞，祖父则在洞外负责填埋地道口，并饰以伪装，让敌人无法辨别查找。地道口掩堵安全后，祖父于返途中不幸遇上日军，因为在夜晚手拿铁锨，引起日军的怀疑，日军毒打逼问地道口，祖父始终不肯说，又被汉奸指认出是"抗属"，于是被日军活活打死。

那一夜，我们家损失惨重：母亲身负重伤，祖父壮烈牺牲，父亲生死不明。母亲负伤后，父亲和母亲都以为对方已经牺牲。几个月后，父亲得到消息找到母亲时，惊讶的一句"你还活着？！"让母亲顿时委屈地放声大哭。80多岁的母亲对我谈起这段往事时，仍然眼含泪花。

祖父牺牲后，祖父身怀的武家针灸绝技"鬼门十三针"也从此失传。那时日军侮辱残害被害人遗体的恶行时有发生，祖母得到消息后，因怕日军再伤害祖父的遗体，当夜便急忙秘密掩埋了祖父，连血衣也没来得及换掉。祖父的坟包，因没立碑而荒没，多年后父亲领着家人几经寻找，多方辨认，才在祖坟重新培土树碑。

巧遇马本斋

在那个年代，出生入死乃家常事。父母形容说："脑袋别在裤腰上，吃了早饭不知能不能吃上中饭，一个馍馍不知能否吃完"，随时都会牺牲。父亲的一位战友——冀中某部政委，在与日军的激战中牺牲。当时他妻子已怀孕5个月，为抢回丈夫的遗体，带着一个班的战士冲上阵地，不幸全被敌炮炸飞。而就在头两天，他们夫妻还在商议孩子出生后的安排。战友和亲人相继牺牲，父亲自己也无数次死里逃生。

1943年春，父亲去敌占区执行任务，顺便传送一份重要的紧急密件，他将密件和武器藏在背篓的柴草里，身上穿得破破烂烂，破衣烂絮中暗藏着拉开弦盖的手榴弹环索，准备万一遇到突发事件就拉弦，以舍身护密件。当他途经一个情况复杂的村落时，突然跳出几个手执武器、身着日军服装

回民支队司令、民族英雄马本斋

的人，围住父亲比画着，也不说话，簇拥着将他带往一座大宅院。眼看就要暴露，父亲先将手枪悄悄扔掉，又暗暗将手榴弹的环索扣在手上，正要拉弦时，却忽然听见身边扭着他的"日军士兵"说起了中国话："报告！抓住一个奸细。"院里随即跑出一人高叫："嗨！是你呀老李！刚听报告说抓住一个奸细，没想到是你！"父亲抬头一看，如释重负，激动地与那人拥抱在一起，"好家伙，差一点就光荣（牺牲）了！"原来这人是父亲的亲密战友——著名的抗日英雄、河北回民抗日支队司令员马本斋，他正好带领部队秘密运动至此宿营，所以才会警戒严密。父亲当即回身去将手枪找了回来，同时十分纳闷地询问："你们怎么在这儿？"因为中共抗日部队到地方活动时，一般都会先通知当地县委和武委会，父亲首先就会知道。而这次马本斋所率的回民支队到此不仅没通知地方，还穿上了日军服装，差点闹出一场误会。马本斋向父亲解释道：他们刚在邻乡打了一个日军给养库，缴获了许多弹药、服装，转移到此还没来得及通知地方县委。而天寒地冻，战士们就穿上了日军军服御寒。得知父亲的来由后，他立刻派两名战士护送父亲安全出境。

马本斋是河北省沧州献县人，出身武官，勇谋兼备。1937年在家乡组织回民抗日义勇队，1938年率队参加八路军，所部改编为冀中军区回民教导总队，次年改称冀中军区回民支队，马本斋任司令员。马司令是一员抗日骁将，日军对他闻风丧胆又无可奈何。从汉奸哈某处得知马本斋是远近闻名的大孝子，为逼迫马本斋放弃抗日，便血洗东辛庄，将马母捉去做人质。可敬的马母，为了不让敌军利用自己牵制儿子，对摆满一屋的食品看也不看，七天七夜不喝日军的水，不吃日军的食物。并让前来劝降的远亲转告马本斋继续抗日，痛骂汉奸绝食而死。听父亲说：在马母绝食身亡之后，日本兵列队向马母遗体崇敬地致礼。为笼络人心，同时诱捕马本斋，日军与汉奸以楠木棺材将马母遗体装殓，雇了送葬乐队吹吹打打地送回献县辛中营村（今本斋村）厚葬，而马本斋则以更激烈的战斗回报了日军。

父亲与马本斋是同乡兼战友，两家村庄相隔不远，两人常一起到献交县委、冀中军区开会，一同接受任务，有很深的战斗情谊。在马本斋母子相继为国捐躯后，延安各界组织了悼念活动，毛主席写下了"马本斋同志不死"，周恩来副主席题词"民族英雄，吾党战士"，朱德总司令送挽联"壮志难移，汉回各族模范；大节不死，母子两代英雄"。朱德总司令和彭德怀副总司令还致唁电冀中军区。冀中党、政、军界和抗日政府也为之举行了隆重的悼念活动，父亲即为当年悼念活动的组织者之一。每当谈起马本斋，父亲脸上总带着崇敬和怀念的神情，对他的英年早逝十分痛惜。

日本军官八坂

抗战时，民族矛盾为中国社会的主要矛盾，日军是中华民族的共同敌人。但也有例外，一些有良知的日本人，就成为抗日组织的反战同盟，为抗日做了许多工作。

1941年至1942年，日军在抗战后期基本上集中力量进行残酷的"大扫荡"。但让他们感到非常挫折的是，"大扫荡"进行得越残酷，八路军的抵抗就越顽强，日军内部产生的恐慌更大。《华北治安战》一书记录了其中见到的一些现象，认为许多的日军不愿意同八路军作战，大部分人陷入沮丧与绝望中。书中特别强调：日军驻扎的"华北地区在1940年以前，从未发生过投敌现象，但到1942年时就有了两件，1943年以来，这个数据在不断地增长……"听父亲说，在马本斋的回民支队里，就有几个日籍反战同盟会员。有个叫田中的曾是日军小队长，枪法很好，在战斗中一次就打死几个日军。

那时交河县日军据点里有个叫八坂的日本军官，是个知识分子，熟悉中国文化，厌恶侵华战争，经过献交县委敌工部和反战同盟的工作，也成为反战同盟的秘密成员，暗地里为献交县委和八路军提供情报。为安全起见，八坂只和身为县敌工部长的父亲单线联系，每逢日军有大的军事活动，他便在据点上发出信号，或者故意在中共卧底——据点里的伙夫面前谈论军事行动，此时据点内线便会及时通报县委或武工队。有时父亲会化装成八坂的"商人朋友"，穿上长袍，登门"拜访"，带出情报，由此成功避开了日军的几次突袭扫荡。而八坂和父亲也因此结成了异国生死之交。

抗战结束后，八坂和父亲友好地道别，返回了日本。20世纪70年代初中日建交后，八坂作为日本访华代表团的成员，到河北故地重游，特意向河北省的接待人员提出要见"李明"。但此时父亲已离开家乡20多年，随军北上南下，转战大半个中国，接待人员不知父亲当时的确切工作地点，一时联系不上，只得作罢。两年后，父亲回乡探亲时，才从当年的老战友处听说了此事，一直感叹不已。

命运多舛的翻译官

抗日战争中，当时的河北献交县委为了及时掌握日军动态，通过物色人选并做工作，找了一位在日本留过学、精通日语的知识分子，安插到当时的日军据点里当翻译官，做卧底。那正是抗日最艰苦的相持阶段，敌我力量悬殊，许多人对抗战能否胜利产生怀疑，也有因对当地政府不满的，于是出现了许多汉奸和叛徒。由于他们知根知底的指认，对党组织造成了极大破坏。而中共地下党为保护那些深入敌内的卧底，往往都是单线联系。为了保护这位中共地下党的日军翻译在敌军中的身份地位，中共献交县委武委会和敌工部做了很多工作，如打"假仗"，或故意透露一些"隐藏的武器"（其实都是些缺少零件无法使用的枪支），等等。据说为掩护他还牺牲了一些人，但他的情报也挽救了许多人。为了安全起见，当时化名李明、身为县委敌工部长的父亲，成为这位日军翻译官的单线联系人和上级领导。

1945年抗战结束，日军投降后开始撤回日本。深受其害的河北群众自发掀起了民间打杀汉奸的行动，而且越演越烈。听母亲说家乡有个恶霸汉奸被处决后，四里八乡的百姓争将其肉割下，放在被害的亲人坟前焚烧祭奠。有些在抗战中不得已被推出来当"维持会长"的人，还有一些无法证明自己真正身份的卧底，都受到不同程度的镇压和打击。父亲与日军翻译官一直是单线联系，献交县委虽知晓曾有位卧底被安插在日军据点里，但没见过面，并不认识本人，也不知卧底在何处。这也给抗战结束后对甄别真假汉奸造成了一定困难。

而这位深得日军欣赏和信任的中共卧底"翻译官"，因当时父亲已率军北上，离开家乡，其他了解情况的领导人也多已随军北上，战乱中他一时找不到可以证明自己是中共地下党身份的县委领导人。为了避免被当地政府和愤怒的群众误杀，他只能听从当时日军军官的建议，跟随他们去日本谋生。当他随撤退的日军抵达大连时，在候船时无意中得到消息，从冀中来的中共部队也到达了东北。那时冀中部队已编入第四野战军，军中也有大量日籍官兵，可能也为他的打听提供了某些方便。打听到其中一支部队是泊头"李明"率领的，听到父亲的名字他兴奋不已，觉得自己有救了，当即决定不去日本，留下来寻找父亲，以证明自己的地下党身份。

但当时无任何通信工具，抗战后各种军队都在北方活动，撤退的日军、进驻的苏军、中共军队，还有忙着抢地盘的国民党军，甚至还有倒戈被我军和国民党军收编的日军。要在茫茫人海中寻找一人，谈何容易！这位留过洋、受过良好教育的翻译官，只能边打工，边乞讨，到处打听冀中来的部队。后来听说部队南下，他又追随着南下大军的路线一路打听。他甚至到过几个父亲工作过的地方，但那时的县委领导们并不待在机关里，而是到处下乡剿匪，抓生产，常年扑在乡村基层，有时一半个月都不回机关。听说有一次他在父亲工作的某县委门口守候了半个多月，因一身褴褛叫花子模样，警卫不许他靠近，更不准他打听关于县委领导的情况。他只能悻悻而去，与父亲失之交臂。

更不幸的是，有很多次，他历尽艰辛找到了叫"李明"的人，好不容易见了面，却不是他要找的"李明"，他只能再接着找。据他在信中自述，几十年来居然先后找了30多位名叫"李明"的人。

这位命运坎坷的日军翻译官，因为"严重的敌伪历史问题"，不敢返乡，家里人都以为他随日军走了。而他在寻找我父亲的旅途中，几十年的流浪生活是怎么度过的，历经了多少艰难与委屈，我无法想象。

20世纪80年代初，转机终于出现。这位翻译官终于打听到上饶行署有位叫"李明"的副专员，因为机关难进，且碰壁太多，他不敢肯定是否又是同名不同人，于是试探性地给父亲写了一封信，信上说到自己在抗战中与父亲的单线联系与交往，特别是抗战时的一些情报活动。父亲收到他的信，大为吃惊：没想到他还活着！而且找了他几十年！

接下来的事就顺理成章了。父亲和他联系上后，立马专程去了江西省公安厅，为这位"日军翻译官"的地下党身份作了历史证明。江西省公安厅又向河北省公安厅予以通报联系，一桩"敌伪历史疑案"终于得以澄清。听父亲说，这位可敬的老人后来作为抗日干部被安置在沧州市（或泊头市）的一个干休所，以副县级待遇安度晚年。几十年的颠沛流浪与寻找，终于"修成正果"，有了一个完美的终结。

"文革"后期，经常会有搞外调的人带着介绍信来找父亲了解情况。那位翻译官来信求证时，正逢"文革"运动刚刚结束，人们尚心有余悸。而父亲毫不犹豫地挺身而出，郑重其事地为他出面作证，这应是战争年代结下的生死交情。

可惜的是我至今不知他的姓名。

抗战中不知有多少这样无名的战士与先烈，为民族的解放默默奉献了一生，有些至死都被人们所误解，有些甚至连姓名也没有留下，但他们的奉献精神永存。

"死"而复生的警卫员

在父亲的叙述中，我印象最深的是他的警卫员的故事。这位警卫员入伍时才十五六岁，个不高，人却十分机灵，作战非常勇敢，每当战斗激烈时，总是舍命保护父亲，父亲也视其如子，两人在战斗中结下了形同父子的深厚情感。抗战刚结束时，部队开始频繁地征调，有时每天都在急行军。有一次行军到警卫员的家乡附近，警卫员提出想就便回家探望老母，请了一天假回乡去了，谁知从此便杳无踪影。父亲先派人去他家询问，后又亲自带人赶去他家查找，他家人说是只回来待了一天便赶部队去了。那时形势复杂，到处都有死不肯降的日军溃兵和国民党特务，又怀疑是村里地主暗害他，还命人把那地主扣押审问，而村民们竟趁机把那地主"压（押）"死了。但警卫员仍是生不见人，死不见尸。父亲认定他已遭不幸，每提到他，总是感叹他牺牲时年纪太轻，而且下落不明，惋惜不已。

父亲晚年时，常常会收到各地寻亲的来信，多半是些遗属向父亲打听战争中与家人失去联系的军人下落，父亲总是表情凝重的认真回忆并复信，他说这些信寄托着人家几十年的期盼与挂念。20世纪90年代初期，父亲忽然收到一封来自九江的信，信中写道：

尊敬的李明同志：

　　不知您是否就是我要找的老首长，几十年来，我已找过20多位"李明"，均不是我原先部队的老首长……

　　信写得很长，叙述了来信者当年在追赶部队时与其部队和老首长失散的经过。看了署名，父亲失声大叫："原来他还活着，而且离我这么近，就在九江！"我第一次看见父亲苍老的面颊上流下两行泪水。这位我从小就已耳熟能详的"牺牲了"的警卫员，在当年探家归途中，因原部队行军路线的临时改变而与部队离散，阴差阳错进入了另一支部队，先是随军北上，后来又几乎与父亲在同一时期南下到了江西。新中国成立后，他几乎终身都在寻找父亲和原来的部队，但造化弄人，动荡的时局和当时通信工具的落后，使他近在邻市却屡寻未果。历经几十年的波折，终于和父亲联系上后，他和父亲在电话中均激动不已。遗憾的是就在他决定启程来饶会面之前，因心脏病突发而辞世。他和父亲相互牵挂了一辈子，最终却无缘聚首，这成了父亲永远的遗憾。

　　父亲晚年时，曾多次要求我笔录他抗战的故事，说"要让后代永记亡国奴的耻辱"。他曾自信地说："我的经历比那些电视、小说精彩多了，要拍成电影更好看更有趣！"而我终年忙于琐事，始终未能停下来听他叙述，尽可能多地记录下那些战火中的故事，直至父母相继故去。这是我至今都无法原谅自己的。

　　《中国抗日史》一书中有这样一段话："抗日战争是一部沉痛的血泪史，它既书写中国人民爬起来和强起来，也让人们时刻铭记历史，千万不要重蹈覆辙。"

　　父母虽早已远去，但父辈的故事和声音仍历历在目。抗战的民族精神在中华大地依然长存。我们将永远铭记那段血写的历史和父辈们在抗日战争中浴血奋斗的战斗经历，将其一代一代传下去。

1955年春，李明、高福明全家摄于江西省军区

李明、高福明晚年摄于上饶地委干休所

李明赠送给家乡——泊头市王屯村委会的瓷盘、瓷碗（1952—1975）

注：我的父亲商振江（1914—2004），河北省沧州泊头市人。抗日战争时化名李明，先后任献交县武委会主任、城工部干事、敌工部长等职。曾和民族英雄马本斋并肩战斗，同被日军列入"黑名单"通缉。抗战胜利后参加了解放战争的三大战役，后南下到江西，1958年从江西省军区转业到上饶行署任副专员，正厅级离休干部。

母亲高福明（1926—2013），河北省沧州泊头市人。抗日战争时任献交县委区妇救会主任兼高庄妇救会主任，解放战争后南下到江西，离休前任上饶机关工委书记，正县级离休干部。

此文根据父母对往事的回忆而作。

注：本文照片由作者提供。

张乐平在上饶

——抗日漫画宣传队的烽火岁月

黄可

张乐平率领的漫画队，首先前往江西上饶一带战区活动。除了举办街头流动抗日漫画展览，还经常挑灯夜战，刻写编辑出版油印的《漫画旬刊》；同时与驻在上饶国民党官方的《前线日报》合作，在该报编辑《星期漫画》副刊。这些漫画流动展览和漫画刊物及时反映了战区抗日军民的斗争事迹，揭露了日军侵略暴行。然而，张乐平所率漫宣队遭到赣南专署国民党特务的监视，特务们常常突然闯入漫宣队所在的上饶汪家园内，搜查所谓"可疑之物"。特务们认为，政治部三厅是中共领导的，三厅派出的漫宣队理应被监视检查，后来甚至发生了强迫张乐平所率漫宣队成员加入国民党的闹剧，威胁说"若不加入国民党就不准活动、不发经费"云云，结果漫宣队只能以集体入党作应付。由此可见，国民党表面与共产党合作组成抗日民族统一战线，实际上背地里一直用小动作破坏，乃至后来的大动作、阴谋发动围剿新四军的皖南事变。

之后，张乐平率漫宣队赴浙江金华，又有章西厓入队。张乐平在从江西上饶到浙江金华途中，画了许多战地速写，因此抵金华后除举办抗日漫画展览外，还举办了"战地速写画展览"，其中《浙西战地》速写组画由15幅作品组成，生动地描绘了浙西地区抗日军民的生活；而另一组由12幅作品组成的《抗日英雄故事》速写画，则真实地表现了浙西地区12位抗日英雄人物全身肖像。这12位抗日英雄人物是：许金、方以贵、刘生云、奉剑秋、蔡得标、冯世雄、钱国梁、田春桃、萧忠明、唐义球、王栋国、阳谦即。每位英雄人物肖像一侧都附有说明文字，介绍这位英雄人物的出生籍贯和英雄事迹，甚是珍贵。这套《抗日英雄故事》速写组画，当时在《前线日报》上发表，在抗日军民中传诵一时。抗战胜利后，浙西地区举行抗战胜利纪念活动时，曾将这套组画从《前线日报》上复制下来放大，张挂于纪念活动的会场里，使纪念活动更具历史意义。

张乐平所率漫宣队在金华期间，还与在金华的文学界、学术界一些爱国的作家、学者合作，创刊了以抗日斗争为中心内容、图文并茂的综合性杂志《刀与笔》月刊（1939年12月1日创刊），编委有邵荃麟、聂绀弩、张乐平、万湜思等，共出四期。创刊号由章西厓设计富有装饰性的封面。张乐平在《刀与笔》上发表了不少战斗锋芒毕露的抗日漫画。如《刀与笔》第二期刊载的《敌寇脸谱》组画，用讽刺妙笔，通过对42个日军脸谱的描绘和2个日军军官全身像的刻画，揭示了日本军国主义侵略者的残暴和愚蠢。而《日军投降》一画，则记录了在中国军队的顽强抗战下，当时日军已有局部惨败举手投降的情景。又如《刀与笔》第三至四期连载的《王八别传》还被《前线日报》转载。《王八别传》发表后，有的读者阅后主动检举汉奸，而有的汉奸阅后悔悟，出来自首。可见张乐平抗日漫画的广泛影响力。随后，张乐平率漫宣队又从金华转至淳安、遂安、开化、华埠、常山、兰溪、龙泉和江西的玉山等地开展抗日宣传活动。

1941年皖南事变发生后，国民党政府对抗日漫画宣传队的限制也明显加强，甚至停办经费，使漫宣队开展活动非常困难。此时，张乐平所率的漫宣队中，麦非、章西厓离队而到三战区政治部工作，叶冈一度回浙江桐庐老家，只留下张乐平一人，但仍保留"抗日漫画宣传队"的名称。后来从第三战区政治部获得了一点经费，又有叶苗、丁深入队，加上叶冈归队，漫宣队的抗日漫画宣传工作重又恢复，在江西上饶等地继续开展活动。1942年春，经费断绝，张乐平所率漫画宣传分队被迫解散，又只留下张乐平一人，所幸得到版画家郑野夫、杨可扬、邵克萍等开办的"中国木刻用品合作工厂"的支持，张乐平主编的抗战画刊《大同漫画》和抗战生活画集《万象集》，作为"新艺丛书"得以出版。

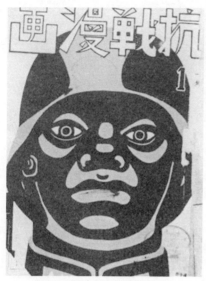 

《抗战漫画》封面 叶浅予设计　　《抗战漫画》——《他又占领一块地方了》廖冰兄

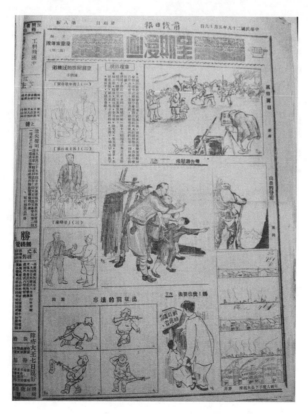

《前线日报》副刊"星期漫画"

"星期漫画"副刊由著名漫画家张乐平率领的漫画宣传队主编，其内容多为反映抗战中的百姓生活，讽刺汉奸卖国贼，揭示日军的残暴，歌颂抗战英雄。

注：本文有删节。本文图片由商建榕摄于《前线日报》。

由上海漫画家组成的抗日漫画宣传队所开展的抗日漫画第二战役，自1937年8月31日从上海出发，奔赴全国各地，历时5年，战绩辉煌。这不容置疑成了中国人民浴血奋战的抗日战争史上值得骄傲的组成部分，更是中国漫画史上的一项大事，其显示中国漫画艺术的优良传统永远是中华文化的宝贵财富。

作者简介：黄可，《上海美术志》常务执行主编，美术史学者）

在上饶报考中央军校

饶平如

倭寇侵华日，书生投笔时。

毁家纾国难，大义不容辞。

封侯宁有种？捣穴好旋师。

功成儿解甲，宜室拜重慈。

——饶平如父亲临行赠诗

月明高挂碧云天，报国丹忱志亦坚。

亲老不需劳尔念，平安望寄薛涛笺。

——饶平如母亲临行赠诗

碎裂山河恨不平，东南处处有啼痕。

十年磨砺青锋剑，壮志何愁事不成。

——饶平如自题

1940年，抗日战争进入第三个年头。我在心远高中念到高二，时年十八，渐渐懂得国恨家难。这年7月，中央军校十八期一总队正在上饶招生。我遂与同学D君、L君、R君征得父母同意后，一起前去报考。

一行四人先至上饶，住在当地一家老字号中药铺——德长怡。店主老伯是D君亲戚，待我们亲如子侄。我们食宿都在店中，住了有一个月光景，终于迎来了军校的考试。

考试为期两天。第一天实为体格检查，量身高，测体重，听心跳，看五官，查色盲。第二天笔试，上午国文，下午数学，题目不难。中午发两个肉包子做午餐，当时的我觉得相当满意。

过了个把月，中秋节将至，我在家门口收到了军校的录取通知书。一问之下，D君和L君也录取了，唯R君因视力欠佳而被淘汰。

我兴致高昂，马上着手做出发准备。先去裁缝店定制了一个超大的童子军式绿色帆布背包，还特意在背包靠背的一面用白布设计制作了四个美术字——"长征万里"，寓意好男儿当"乘长风破万里浪"。又买了手电筒、防风眼镜、一些日用品和200张明信片，以便随时寄给家里。母亲给我准备了羊毛

饶平如

毯和随身衣物，父亲给了我200元旅费。临行前，母亲说要留个影作纪念。父亲和母亲都作诗赠我，我亦作诗一首自勉（见文首）。就这样，我出发了。

就在将要赴上饶报到的时候，L君被家人劝阻再三，最终决定不去。D君与我二人搭上一辆装满子弹箱的军车前往鹰潭。这司机因喝了点酒，在中途被宪兵检查站的人批评，心中颇有不满，开车时愈发东倒西歪起来。就在距鹰潭还有30里的地方，突然车身就向右翻倒了。当时我坐在车的左侧，D君坐在右侧，车子一倒，他就被压在了子弹箱的最下面，吃了大苦头。我却压在子弹箱上，只擦破一点皮。D君精神至此大为受挫，到了上饶后决定不去了。于是到最后，只我一人去了军校招生办事处报到。

抵达上饶，为等候浙江金华和安徽屯溪两个考点的同学，我们在上饶市区外的一个大祠堂里集中，住了又有半个月工夫。门前的土坪平日供我们开饭，溪流在侧淌过，我们在那里洗漱。不过，大部分时间我们都上街去游玩吃喝，很少回来吃包饭老板做的滋味寡淡的大锅饭。

9月下旬，我们正式出发了。按规定，通铁路的地方我们可以搭火车，但只限于货运火车；如遇公路则必须步行。我们搭火车到达湖南株洲那天，正逢夜雨滂沱。我睡在一节装满大木头的车皮上，用一块黄色的油布遮盖着毯子，因为心里觉得新奇有趣，睡得十分香甜。

当时的湘桂铁路只通到广西宜山。从此我们即开始步行前进。我们这批学生有二三百人，由一个姓周的军官带队，出发前按照大家自己的意愿编成小组，每组推举一人为组长。姓周的与小组长联系，通知次日的宿营地，隔两三天发放一点微薄的伙食费和草鞋费，自己则买了一辆新的自行车，骑上就跑了。各组派一个"打前站"的先走，为的是给自己小组安顿睡觉的地方并张罗饭菜，其余的人就三五成群自由前进。

200元的盘缠很快被我用尽，没办法之际，我只好摆摊卖掉了羊毛毯和手表。

到了贵阳，一日，我打前站去一户人家厨房里做午饭，说是要做饭，却完全不知从何下手。年约四十的房东太太见状忙上前来，抢过我手里的家伙开始烧饭。我看着她放米放水，又用一个小陶瓷钵盖好，然后抓起茅草点燃了放进灶里，一会儿大火，一会儿小火，一会儿又灭火来焖。我谢她，她却怔怔地看着我说："我的儿子跟你一样，也到军校去了。"

4个多月以后，在1941年2月6日，我们终于到达了成都校区，一个人都没少，和全国各战区招考的学生一起，共约2000人组成了十八期一总队。

（作者简介：饶平如（1922—2020），黄埔军校十八期学员。参加过抗战，后来在上海做过编辑、美编，在《大众医学》杂志工作。在老伴美棠去世后，饶平如手绘了18本画册，记述了他与美棠从初识到相处的近60年时光，取名为《平如美棠——我俩的故事》。本文摘取了他于1940年在上饶考取军校的片段）

【抗战经济】

抗战中的上饶医药贸易

商建榕

上饶县广平镇（今信州区）因水陆交通方便，商贸发达，境内中药业贸易历史悠久，源远流长，自明清起即为赣东北和省内外重要的中药材集散地之一，中药贸易已有300余年的历史。其药材贸易规模在全市仅次于铅山县，也是闽北40余县的中药材批发集散地。抗战爆发后，上饶作为"前方的后方，后方的前方"，因战区地域的关系，给上饶医药业贸易带来了意外商机。但战火也让上饶医药业蒙受了巨大打击，将其短暂的繁荣化为灰烬。直到抗战结束，上饶医药贸易才逐步恢复，并由单纯的中药贸易变为中西药贸易并存的局面，西药开始被广泛接受，市场占有份额逐步扩大。从医药贸易一波三折的起起落落中，可以窥见上饶抗战的历史片段。

一、赣东北中药材集散地

明嘉靖年间（1522—1566），上饶县已建有惠民药局，设有局官，专营中药材。惠民药局是各县为平民诊病卖药的官方机构，掌管储备药物、调制成药等事务，军、民、工匠、贫病者均可在惠民药局求医问药。遇疫病流行，惠民药局有时也免费提供药物。

明末清初时期，上饶医药商业经营主要是中药材贸易，上饶县城内已有中药老店6家。这些药店在经销药材、药品的同时，还自行加工一些饮片和配制少量膏、丹、丸、散投放市场。境内药业经营者多为本省樟树、南城等地人氏，故有"樟树帮"与"建昌帮"（南城旧属建昌府）之分。市场主要由"樟树帮"和"建昌帮"的大商人独揽，素有药业"两帮"之称。"两帮"虽同行，但在中药的泡、炙、浸、炒制作方法上各有不同，竞争性很强，带徒传承的方法也不同，且沿袭相传至今，对上饶全市中药行的影响作用很大。清末时，上饶中药行有很多樟树籍学徒，多因药行进货渠道或业内人员亲友引荐介绍而来，其经营之道，多循帮内古法而制。

清光绪三十年至三十二年间（1904—1906），上饶县广平镇和铅山县河口镇、玉山县成立了商会、国药同业公会，是国药业的行业组织。全市药业知名人士（药店老板、师傅、高级店员），以上饶县城广平镇下西街的药王庙为药业集体活动场所。活动人员原以"樟树帮"的药商为主，后逐渐扩大范围，吸收"建昌帮"的药商参加，逐渐形成行业帮会。在药王庙内设有同业公会，为药商团体自治组织，以调解商人纠纷、沟通商业往来、摊派政府捐税及避灾、救济民众为宗旨。每年逢农历四月二十八药王爷生日庙会之际，都会在药王庙举办盛大的药业公会活动，相聚一起互相交流商情，磋商价格，自订、自行、自调，谋求一致，共同发展。直至抗战前夕，公会仍发挥着其行业组织的作用。

民国初，上饶县城内药行中较有名气、声望较大的药店有松龄堂、张怡丰、泰山堂、天福堂、德长怡、庆春和、鸿春堂、岐山堂、回生堂、义和堂。许多中药铺由著名中医创办，药店中有名医坐堂问诊，抓药也有名师执掌。

松龄堂（属樟树帮） 曾是上饶城内历史上第一家中药店，明末时由上饶县著名中医肖保丰创办，民国初期分设崇仁堂药店。经营的中药品种繁多，加工精细。抗日战争期间，因战乱而关闭。

张怡丰药店 清朝中期由上饶县左溪中医张维一创办。原址在上饶县清水乡左溪村，民国20年（1931）迁至上饶城内，是上饶县有名的父子店。专营按家传秘方配制、主治风症（风湿病）的"左溪风药"。药品畅销全国，并销往中国香港、新加坡，被称为"人间第一圣品也"，名噪一时。

泰山堂药店 清咸丰初期（1851）由南城人邓福生、易勉修创办。药店对膏、丹、丸、散的制作颇具特色，均在抗战期间被日本炸毁。民国年间，店员人数最多时有30余人，是上饶城内规模最大的药店。

天福堂药店（属建昌帮） 系清嘉庆五年（1800）由南城籍中医杨庭辉创办，系上饶县有名的夫妻店。至民国前期，是广平镇城内规模较大的药店之一，经历150余年（1954年关闭）。

鸿春堂 清朝末年创立，于民国17年（1928）从铅山县河口镇迁入上饶县城，是上饶县集批发、零售于一身的著名中药铺之一，由于经营灵活，在上饶一带较有名气。店铺坐落在上饶县城西门（今信州区信江东路），占地158.29平方米，建筑面积达238.21平方米。从业人员十余人，流动资金1.6万银元。

以上几家名气较大的药店，经营时间均长达100～200年。

另有回春堂、三益堂、大生堂、恒和堂、恒春堂和官僚资本普庆堂等都是中型中药零售店。延龄堂，创建于抗日战争前，是著名的中药零售兄弟店，1949年初关闭。

至抗战前夕，在上饶中药业行商的既有当地人，也有安徽、福建、浙江、江苏及旌德、建昌、南昌、丰城等地的客籍药商，药材业主尤以樟树人为多。一些规模较大的药店、批发商，大多集中于上饶县城广平镇。在城里设庄开店的，除本地人之外，还有来自全国各地的药商。抗战前，广平镇共有中药批发商13户，主要分布在西门口3户、上西街2户、中西街4户、下西街1户、抗战中路（今抗建中路）3户（张怡丰药店）。从业人员150人，资金11.95万银元，户数、人员均居全市第一位，资金居全市第二位（铅山居第一位）。其中大型批发商7户，从业人员132人，资金11万银元，人员仍居全市第一位，户数、资金居全市第二位。大店雇员多者50人，最少15人。店员、学徒多为樟树籍或清江籍，由亲友介绍带出来。药品流通渠道主要在本地市场销售，少数活跃在乡镇走村串户，摆摊设点。

药商的进货渠道，大店多在外地设庄采购，长途贩运，货源以汉口、上海、广州等地为主，以樟树、浙江等地为补充。小店一般在大店进货。经营方式有坐店经营、坐堂行医、批零兼营、前店后坊，加工炮制饮片，自制膏、丹、丸、散等成药，行销境内外。经营手段灵活多样，顾客进门，热情接待，笑脸相迎，倒茶递烟，记账、赊欠均可，不论生意成交与否，一律管吃管住，从不收费。遇上大宗主顾，掌柜亲自接待陪客，所需药品尽量配齐，以博得药铺药品齐全的良好信誉。

20世纪20年代末至30年代初，为给红军伤病员和苏区当地群众治病治伤，中共赣东北革命根据地的创始人方志敏，曾指示苏维埃政府将横峰县葛源街的4家私人药店全部买下，合并成立总药店，下设办公室、门市部、种药队、采药队、制药厂等，共有人员80多名。同时，在上饶、玉山、弋阳、德兴、乐平、万年等县苏区建立药店分店，苏区药店业务兴旺时多达30多家，开启了上饶医药经营公有制的先河。

二、战争带来的商机和危难

抗战前中药又称国药，以区别于抗战时兴起的外国新药（西药）。

1934年1月，浙赣铁路全线通车，1935年上饶段通车后，为药业的流通提供了方便，国药业经贸渐入兴盛时期，可惜好景不长。美、英、日、德等国商品开始充斥上饶及周边的市场，尤其是先通铁路的玉山等县城。进口医药商品有东洋参、西洋参、高丽参、冰片、牛黄、燕窝、沉香、珍珠等16种。因进口药品比国药价低30%～40%，使上饶许多以经销国药为主的大小中药坐商无力竞争，遭受损失以致歇业、倒闭。

1937年抗日战争全面爆发后，沪、杭沦陷区的商户纷纷内迁，转至上饶、弋阳、广丰等敌后区经商，尤其是军事要地上饶县城广平镇，一时成为战乱避难的经商庇护地，市场出现战时短暂的繁荣。上饶县的医药业一度也由之前因受外国药商冲击而陷入的低谷，步入一个鼎盛时期，比战前扩大了1～3倍。1938年，上饶有中医128人，至抗战结束时，已增加到300多人。西医由之前的数人，发展到数十人，西药店也由战前勉强维持的3家增至6家。一方面，因沪、杭沦陷而迁饶的江浙药店和中西医增多，同时带动了新药（西药）的兴起；另一方面，由于第三战区长官司令部的进驻，上饶的部队和军政人员以及商户激增，尤其是野战军医院的设置，也刺激了医药行业的发展。如松龄堂、泰山堂、德长怡等中药批发商，在抗战前期生意兴隆，店大人多，资金雄厚，营业额大，药材吞吐量多，每户店房数十间，从业人员50人左右，资金上10万银元。庆春和、鸿春堂、廖义和、崇龄堂等药号也是有名的大批发商。

据上海著名作家饶平如先生回忆说，1940年他在上饶考取了黄埔军校十八期学员，在上饶军训期间，他曾到一位黄埔军校同学的家里小住。这位同学家在上饶西大街开药店的，家境优越，招待他们"吃住得非常好"。当时虽然战乱，但上饶旅馆里住满了人，街上人熙熙攘攘。饶先生对上饶在抗战时的繁华，尤其是药店的兴旺，记忆尤深。

但战争既带来了巨大商机，也带来了巨大灾难，战乱中的繁荣并不长久。1937年9月，日军飞机开始轰炸上饶。1941年至1942年，战火逐渐升级，上饶作为战略要地和三战区指挥机关驻地，屡遭日机狂轰滥炸，一些老字号药铺和百年老店，如曾被誉为"上饶第一家"的著名大药号松龄堂、泰山堂及百年老店黄真堂药铺等，均被日机炸毁，因损失惨重而倒闭。其中以泰山堂人员伤亡最为惨烈。

1941年2月中旬，十余架日机轰炸上饶县城广平镇，向全县药铺最集中的城区——西大街投下燃烧弹，烧毁民房1000余幢。4月中旬，日机先后出动36架、24架滥炸上饶县城广平镇和水南街上滩头村，从上西街保康恒店至中西街王万祥药铺，1里多路的街面，所有店房均被日机炸毁，资产毁之殆尽，炸死、炸伤680余人。6月12日，日机再次轰炸广平镇，在下西街附近投下数十枚重磅炸弹和燃烧弹。在药行首屈一指的著名药店泰山堂，每日都有许多居民到此问诊买药。药店被日机炸弹击中后，顷刻燃起熊熊大火，店铺和大量药材全被烧毁。药房后院的防空洞也被炸塌，洞口被堵死，躲在洞内的30多名百姓及店员全部窒息死亡。

西大街的里弄汪家巷，原先巷子深，里面住了很多商户。遭日机轰炸后，房屋成片倒塌，巷子仅存一节，后因此改名为"节余巷"。

1942年5月，浙赣战役爆发，日军侵占上饶后，实行"三光"政策，上饶县药业贸易再次遭受致命打击。许多药铺因难以为继而倒闭，药铺店员多四处流散。直到抗战后期，上饶药业才逐渐恢复，但医药贸易再未恢复到前有的规模。

抗战结束后，上饶的药材贸易逐渐回落，全城零售药店有20家、73人，经营中药零售的有19家、70人，资金33590元。上饶县沙溪镇有福寿堂、龙昌祥、万春堂、贞元堂、保元堂、延寿堂、庆林堂、永寿康8家零售药店，从业人员27人，资金总计8800元。经营新药（西药）零售的仅1家，从业人员3人，资金500元。到新中国成立前夕，大小中药店才增至31家。

抗战结束后上饶药业零售药店分布情况

县（市）	合 计			中 药			新 药（西药）		
	户数	人员	资金	户数	人员	资金	户数	人员	资金
广平镇	20	73	34090	19	70	33590	1	3	500
上饶县	21	53	17800	21	53	17800			

注：1.1945年前关闭的药店未列入表内。

2. 广平镇即旧时上饶县城，历来为府县治所在地。1950年成立县级上饶市，今为信州区。

抗战期间上饶县国药大中型批发商分布情况

店名	类型	坐落地址	从业人员（人）	资金（银元）	备注
松龄堂	大型	县城广平镇	50	20000	
泰山堂	大型	县城中西街	9	20000	
德长怡	大型	县城中西街	9	100000	
庆春和	大型	县城中西街	30	20000	4户合资
鸿春堂	大型	县城中西街	10	10000	
廖义和	大型	县城下西街	12	10000	
崇龄堂	大型	县城西门口	12	10000	
岐山堂	中小型	县城上西街	7	3000	

（续表）

店名	类型	坐落地址	从业人员（人）	资金（银元）	备注
庆生堂	中小型	中西街青石弄口	3	2000	
长生堂	中小型	县城中西街	5	3000	
张怡丰	中小型	县城抗建中路	3	1500	3户合资

三、新药业的崛起

新药业，主要是指除传统中药之外的西药、片剂、中成药等。清末民国初，随着西方国家经济的入侵和传教士的传教行医，西药也随之流入境内。因与传统中药不同，西药被统称为"新药"。百姓不了解药性，价格也较贵，不为普通大众百姓所接受。抗战前在上饶仅寥寥两三家。

境内新药业的经营贸易，始于抗战初期。1937年，淞沪抗战开始后，作为全国西药经营中心的上海不久沦陷，上海、杭州等地药商纷纷内迁，一些西医也迁至上饶行医，带来了西药的兴起。为避战乱，江浙一带大中城市许多西医、西药商家纷纷迁入上饶县广平镇暂居，西医、西药开始进入上饶设店营业，成为上饶西药普及之始。仅浙江迁至上饶的商号就有同春、中国、民生、德泰、友联、中英等药房，使战时的上饶成为江南较大的西药集散地之一。其中规模较大的有著名的上海同春药房（系杭州民生药厂上海发行所）和杭州中国药房。上海同春药房从安徽屯溪、浙江江山辗转迁至上饶县城，在广平镇鼓楼洞（今信州区南门路中段）开店营业，从业人员12人。杭州中国药房从杭州迁至上饶县，在县城西门口（今信州区赣东北大道）设店营业。这是2户大型新药批发商，资金都在1万银元以上，直到1945年8月抗战胜利后才分别迁回原地。

其余还有几家西药房，资金均在2000～5000银元左右，批零兼营。商家从上海、杭州、南昌等地购进西药和西医器械，经营范围包括西药、原料、新片剂、中成药等。西药大都是美国、西德、瑞士等国所产的名牌进口药品，通常为200多个品种，少部分国产药品。当时进口西药产品充斥市场，国产药品销售举步维艰。国民政府为提倡国货，下令国产药流通不必纳税。但除上饶县以外，周边其他县西药房开设寥寥无几，数量少、品种不全，且药价昂贵，1支盘尼西林要价2斗大米，1支链霉素要价1担大米，多数病人望而却步。

抗战初期，上饶因战争需要先后驻扎了一些野战军医院，分布在城郊杨家湖和皂头等地，收治伤病军人。受其间接影响，西医、西药逐渐被人们所接受，并以其疗效快、服用方便的优点，逐渐赢得病患者的信赖，迅速占据了医药市场的重要地位。西药店也由战前的3家增至6家，从业人员逐渐增加到24人。在信州区下节街里弄深处的节余巷（原汪家巷），至今还保留了杭州西医巍洋诊所的遗址。斑驳的青砖墙头上，"巍洋"两个大字依稀可辨。（见下图）

汪家巷残存的抗战时杭州西医巍洋诊所遗址

1938年，上饶县城广平镇计有6家西医卫生院、所，有西医从业人员38人。在当时西医尚属新鲜事物，费用昂贵，就诊病人不多。大多数县民求医治病，仍以中医为主。

西药批发商仅有6户，从业人员28人，资金13000银元，而且全部集中于上饶县城广平镇，批发店设在老城西门口2户、仓门街4户。其中德泰药房是创办最早的一家，于1930年之前开业，经营头痛粉、鹧鸪菜（小儿驱虫药）、疳积散、阿司匹林片等。另外较大型的2户，其中万国药房于1937年开设，初办时资金1000元，系官僚资本，老板高百寿是原国民政府上饶行署专员的女婿。抗战结束时，高百寿从国军医院掠夺了一批军用药品，将万国药房改称中国药房，发国难财（1951年镇反运动中被没收）。培英药房于1937年前开设，从业人员5人，资金5000元。其余4户属中小型药房，从业人员4～5人，每户资金1000～20000银元。其中福康、中英药房为合资经营（见附表1）。

上述6家批发商经营的新药多为进口货。如德国的606针、加当片，法国的914针，美国的盘尼西林、链霉素针等。经营品种有100～200种，包括片剂、针剂及小型医疗器械、敷料和少量原料药、中成药，进货渠道主要从上海、杭州等地调入；批发对象主要为湖南、福建邻省与境内各地医院、诊所、驻地、过往军队药品补充及当地零售药房等，年营业额在10万余元。

1945年8月抗战胜利后，上海同春药房和杭州中国药房分别迁回沪杭，世界药房分设民生、福康2家，万国药房改称为中国药房，由上饶县城南门路迁至西门口。同年，新设中英药房。

抗战结束后，浙赣铁路恢复通车，此时新药业已在上饶全面崛起。西药货源日益畅通，大宗批发减少，少量批发与零售尚有发展。全市经营新药业商户有25户，从业人员65人，资金37000银元，均属中小型企业，主要分布在上饶县和周边的广丰、玉山、铅山、横峰、弋阳、鄱阳等县县城，县城以下的农村未设店。其中以上饶县居多，经营集中，业务量大，大都是师傅带学徒或夫妻带徒工，多则5人，少则2人。

抗战后因战乱频起，国民政府统治腐败，币值贬低，市场物价一日数涨，西药业出售的药品常补不了进货，甚至亏本，上饶县几家药房勉强维持到1949年5月，新中国成立后成立了中新药业同业公会。

附表 1   抗战前后上饶市私营新药批发商分布情况

企业名称	开办时间	坐落地址	从业人员（人）	资金（银元）	企业性质	业主姓名
民生药房	1935 年	上饶县城仓门街	5	2000	独资	胡杏生
培英药房	1937 年	上饶县城仓门街	5	5000	独资	宋培根
德泰药房	1930 年前	上饶县城仓门街	5	2000	独资	张琴洲
福康药房	1948 年	上饶县城西门口	4	1000	合资	王顺泉
中国药房	1937 年前	上饶县城西门口	5	2000	独资	高百寿
中英药房	1948 年	上饶县城仓门街	4	1000	合资	张永云
上海同春药房	1937 年秋迁上饶市	上饶县城鼓楼洞	12	10000		蒋顶芳
杭州中国药房	1937 年秋迁上饶市		10	10000		陈学英

注：1.1937 年开办的世界药房，1945 年后分为民生、福康 2 家。

2. 中国药房系官僚资本。

3.1945 年秋上海同春药房迁回上海，杭州中国药房迁回杭州。

附表 2   抗战前后上饶县城私营药业基本情况

店名	店主	坐落地址	起止时间	从业人员(人)	资金（银元）	企业性质	经营范围	经营形式
回生堂	王回生	仓门街	清光绪末年至 1954 年	4	3000	合资	中药	零售
同仁堂	刘瑞璋	仓门街	抗战期间	3	1000	独资	中药	零售
同春堂	杨法清	仓门街	抗战期间	2	600	独资	中药	零售
回春堂	周会山	仓门街	抗战前开1947 年关	5	5000	独资	中药	零售

（续表）

店名	店主	坐落地址	起止时间	从业人员(人)	资金银元(银元)	企业性质	经营范围	经营形式
延龄堂	张国顺	西门口	抗战前开1948年关	4	4000	合资	中药	零售
崇龄堂	杨克已	西门口	1912年	12	10000	合资	中药	批零兼营
庆春和	李肇基	西门口	1900年	30	20000	合资	中药	批零兼营
人和堂	简善南	西门口	1942年	3	590	独资	中药	零售
寿春堂	简善彬	西门口	1939年	4	1000	独资	中药	零售
岐生堂	曹如馨	西大街尾	抗战前	7	3000	独资	中药	批零兼营
三益堂	徐厚德	中西街	1942年	6	2000	合资	中药	零售
大生堂	王宝义	中西街	1943年	5	2000	合资	中药	零售
德长怡	江穆棠	中西街	1880年	9	100000	独资	中药	批零兼营
泰山堂	先徐少堂后叶祖寿	中西街	清中末期	先40后9	100000	独资	中药	批零兼营
义和堂	廖长禄	中西街	清末	12	1000	独资	中药	批零兼营
长生堂	邹如春	中西街	抗战时创办	5	3000	独资	中药	批零兼营
庆生堂	廖长生	中西街	1946年	3	1000	独资	中药	批零兼营
普庆堂	吴礼文	下西街天后宫前	1920年	5	3000	官资没收	中药	零售
恒和堂	严少林	下西街太子庙	抗战时创办	5	3000	合资	中药	零售

（续表）

店名	店主	坐落地址	起止时间	从业人员(人)	资金银元（银元）	企业性质	经营范围	经营形式
恒春堂	饶春庚	下西街太子庙	1938 年	6	3000	独资	中药	零售
天福堂	杨汉南	下西街太子庙	清咸丰年间开 1954 年关	4	2000	夫妻	中药	零售
道德堂	陈道才	大菜场	1947 年	3	1000	独资	中药	零售
普齐堂	周春生	下西街太子庙	1940 年	2	600	独资	中药	零售
杨万和	杨生富	水南街	抗战时创办	2	600	独资	中药	零售
人和堂	简和文	罗桥街	1946 年	2	600	独资	中药	零售
松龄堂	肖毕成		1740—1943 年	50	20000	独资	中药	批零兼营
张怡丰	张子耕	抗战中路	1931 年自清水迁来	1	500	独资	专营风药	批零兼营
张怡丰	芦和修	抗战中路	1931 年自清水迁来	2	1000	独资	专营风药	批零兼营
民生药房	胡杏生	仓门街	1945 年	5	2000	独资	西药器械	批零兼营
培英药房	宋培根	仓门街	1947 年	5	5000	独资	西药器械	批零兼营
德泰药房	张琴洲	仓门街	1940 年	5	2000	独资	西药器械	批零兼营
中国药房	高百寿	西门口	1948 年	5	2000	独资	西药器械	批零兼营
福康药房	王顺良	西门口	1948 年	4	1000	独资	西药器械	批零兼营
中英药房	张永云	仓门街	1948 年	4	1000	独资	西药器械	批零兼营
百草药房		下西街	1940 年	8	500	独资	西药	批零兼营

战火中的老店传奇
——解读迁至上饶的老字号
汪增讨

  1939年，辖东南五省（浙江、江苏、福建、安徽、江西）的国民政府第三战区长官司令部，由安徽省屯溪转移到江西省上饶。随之而来的上饶商业、金融业等竟一度出现了一派战时后方的繁荣景象。有的店铺从此在上饶落根，后来成了上饶的老字号，至今仍然发挥着历史金字招牌的作用。如盛名载誉的丁大兴糕团店、江浙风味的王润兴菜馆、百年春秋的见真我照相馆等一批传奇老字号。

  时光倒流，历史回眸。今信州城区原为上饶县城，旧称广平镇。明、清时代均为广信府治。据旧志记载："信之为郡，江以东望镇也。其地上于饶，其俗美于广，牙闽控粤，襟淮面浙，隐然为要冲之会。""……民生什九力田重农……历视阛阓（市肆）贸易者皆为闽歙人，百工技艺辈皆建抚人。"民国初（1912—1930），县内私营商业有绸缎、棉布、夏布、纸张、文具、五金、颜料、烟酒、屠宰、旅社、理发、漂染、粮油、建筑材料等行业。大都为小本买卖，夫妻商店或父子经营。民国20年后，浙赣铁路和通往福建、浙江的公路相继通车，交通方便，人流交往和货物集散逐渐增多。

  世事难料，风云突变。1931年"九一八"事变，日本发动战争强占我国东北，又准备进一步侵占华北，甚至企图灭亡中国。1937年7月7日，发生震惊中外的"七七"事变。

上海、杭州等东南沿海、沿江的大城市相继沦陷后，上饶成为抗战大后方，也成为东南半壁的重要通衢，于是乎江浙商人云集于此。重庆、桂林、昆明等地商人也多来此批购，再转手贩卖内地其他的城市。为防日机轰炸，上饶县政府对商界进行宣传，要求当时唯一较繁华的商业街——西大街（今信江路），白天家家关门，夜间开门营业。同时另辟上饶城郊外的丁家洲为日常用品交易地点。据研究，抗日战争初期，仅苏浙沪迁来上饶颇有名气的各界商号及手艺人无数，如百货业的"广合顺""百乐""先施""永安"；南货业的"稻香村""老大房"；西药业的"民生""德泰""中英药房"；餐饮业的"王润兴""酌友居""蜀渝饭店""老天津馆""新亚酒楼""大中华酒楼"；旅馆业的"陶陶招待所"（国民党三战区办的内部招待所），较有名气的有"信江""花园""西湖""清华""公益""国际"；照相业的"大光明""见真我""东南"；理发业的"南京""香港""白玫瑰""百花"；小吃业的"丁大兴"；钟表眼镜业的"亨大利""太平洋""华孚""华达利""登天顺"。随之而来还有新兴产业，如开设在南门路的"杭州证章店"，专门加工各类证章、胸牌、街号门牌。还有在县城开设的信托商行，抗战时期共发展了12家，原先上饶人开设的只有2家，其余都是安徽、江苏、宁波、山东、河南等地人开设的。

抗战时迁饶的众多商号、商人及名师高手，历经80余年历史，后来是怎么发展的呢？据史料记载，1942年5月15日，日军分别对宁波和南昌出动兵力十余万，进行东西夹攻浙赣铁路线。5月28日，金华、兰溪相继陷落。6月7日，衢州失守，日军进城。6月12日，日军攻陷玉山。6月14日，日军侵占上饶，上饶沦陷，商户被洗劫一空。直至8月20日，日军退出上饶。其间，繁荣商业区西大街又遭受日机轰炸和日军大火焚烧，江浙商人与本地商人均受到极大损失与创伤。

1945年，日本侵略者于8月15日宣布无条件投降后，本地和江浙外地商人大量抛售囤积的物资，因为战事不断，日军的侵略导致百姓生活极度穷困，购买力极速下降。1947年11月18日《民锋日报》曾报道：上饶市"应时商场"开设于战时，迄今将达10年，现为本市最大的百货商店，近因营业清淡，市场萧条，物价一再波动，资金无法周转，已于昨日宣告歇业。此外，本市其他一些商号短期内均有陆续关闭的迹象。

1948年国民政府改革币制，收回法币，发行金圆券。金圆券贬值，物价一日数涨，市场上均以实物为计价单位，主要以大米为计价交易手段。由于贸易市场出现的货币贬值，物价暴涨，加上苛捐杂税的恶性循环，导致大批商户收支倒挂，关门停业，或被大商户兼并。于是一部分江浙商户又回迁原籍，然而大部分尚坚挺在上饶继续艰难维持经营。笔者在1950年后仍看到江浙一些很有趣味的老店招牌，如"稻香村""老大房""丁大兴""王润兴""见真我""广合顺""民生""西湖""清华""国际""亨达利""太平洋"等。据笔者后来到信州区档案馆查阅原上饶市1953年左右的老商号记载：分别于1941年10月来饶经商的太平洋钟表店与1942年1月来饶设店的亨达利钟表眼镜店，皆于1956年初的公私合营运动中参加了手工业生产合作社。后由手工业管理局领导，上饶人俗称手工业联社。太平洋钟表店老板鲁来根思想先进，后来被派到罗桥部队营房为人民解放军官兵修理钟表和钢笔，工作认真负责，据其后人对我说，他们的父亲事迹还登了报纸和由上饶市人民广播站向全市播音宣传。而新药业的"民生""德泰""中英药房"则在1955年12月便在商业系统率先实行了公私合营。新药业就是西药业，上饶人又称作西药房。1942年2月2日开在南门路23号的杭州证章店，老板胡云卿在公私合营中也加入手工业联社的艺工业小组，由老板转身为工人。七八年前我曾遇到他的儿子，据说现在也全家迁回浙江杭州了。当年随着国民政府第三战区长官司令部一起由安徽屯溪迁入上饶的响当当的徽菜帮领军人物胡中安、胡广茂开设在西濠沿荷花池边的新亚酒楼，1939年初开业，专门接待三战区军官和上饶名流，后来又随三战区迁到福建，再后来又回到上饶。新中国成立后，也被公私合营了。新亚酒楼老板胡广茂的儿子近日还对我讲，他听父亲说，新亚酒楼股份是25块银元一股。最耐人寻味的是颇有名气的杭州广合顺上饶分号，以卖百货为主，各种雨鞋、胶鞋、雨衣非常齐全。1954年还开设了广合顺制冰厂，开创了上饶冷饮的新天地，后来都加入公私合营，如果保存到现在，那一定又是一张名扬信州的上饶老字号名片！

大浪淘沙，存亡皆缘。2003年我在信州区商务局的支持下，对饶商的上饶百年老店——上饶老字号进行调研，发现抗战来饶的老店，如今尚有3家在延续经营，颇有味道。如盛名载誉的丁大兴糕团店，开创者万云龙的儿子，孙子继续发扬传承；上饶老字号王润兴菜馆由上饶名厨、中国赣菜大师喻东辉接棒挖掘与传承王润兴菜馆的百年老菜馆品牌；"见真我"老字号照相馆的第四代传人王志华不负众望，重新扬起老字号"见真我"大旗，勇往直前。

勾勒回顾这3家饶城老字号创业者们因躲避抗战烽火来到上饶，历经几十年的艰苦打拼与不懈努力，可谓是上饶商业史的传奇佳话。

1944年初，上饶丁大兴糕团店创始人万云龙，只身一人随着战乱逃难人群，颠沛流离来到上饶古城，人生地不熟的他迫于活下去的念头，在抗建路中段相府巷口，租间小小店面经营绍兴风味的条头糕、桂花糕、猪油年糕等，店名叫丁大兴美食糕团小店，很快吸引了饶城市民，于是丁大兴年糕店在上饶扎根了。手工制作的年糕晶莹亮丽，色泽鲜艳，吃到嘴里香甜软糯，绵滑不粘牙，老少皆宜。

抗战胜利后，万老板在上饶娶妻生子。1956年，丁大兴糕团店公私合营，万云龙被任命为资方经理。"文革"中，万经理被冠上"反动资本家""黑五类"的帽子。1968年，全家人下放到弋阳县农村。1975年，万云龙含恨离世。

1979年党的十一届三中全会后，信州古城的饮食服务业得到复苏和发展，丁大兴糕团店也不甘沉默，万家几兄弟在其母亲的带领下，重操旧业，首先恢复条头糕、汤圆等传统品种。人们又互相告知，丁大兴糕团店重新开张了！丁大兴的条头糕又回来了！

饶城丁大兴糕团店第二代传人万良华和第三代传人万静敏，注册上饶市丁大兴食品有限公司，规模更大了，品种更多了。如今的丁大兴年糕连锁企业分别在饶城万达广场和万力时代广场开设商铺，增添前店零售后厅餐饮的经营方式，继续不断地挖掘和创新品牌老店丁大兴的美食文化，让"丁大兴"金字招牌更加光彩夺目。

上饶古城在民国期间曾有多家照相馆，而饶城老市民记忆特别深刻的就是那家拥有近80年历史的"见真我"老字号照相馆。抗日战争爆发后，上海、杭州相继沦陷。1943年7月的一天深夜，浙江省杭州市风景秀丽的西湖边上延龄路英华照相馆的照相师傅裘宝根，带着照相设备领着妻子冯金英和儿子裘平随着逃难的人群，艰难地向后方投奔。当年8月来到江西上饶县沙溪镇，在罗姓祠堂租了一间旧房子，开了一家照相馆，取名"好莱坞"照相馆。

1947年10月，又举家迁往上饶县城祝家弄口继续开照相馆，并担任广平镇照相行业公会的理事长。1950年6月，美国武装干涉朝鲜内政，并入侵中国领土台湾。"好莱坞"是美国电影城的代名词，裘宝根当时接受了人民政府的教育，连夜拆下"好莱坞"招牌，换上了颇有照相艺术特点的"见真我"新招牌。1956年公私合营后的"见真我"照相馆，裘宝根被任命为私方经理。1957年下半年裘宝根遭受不公正待遇。1968年，全家人下放到玉山县农村接受贫下中农的教育。1976年3月，老伴冯金英与儿子裘平被先期调回饶城上班。1984年，裘宝根被平反，恢复公职，补发工资。1984年12月21日，还作为上饶地区工商业界知名人士参加大会。

裘宝根的儿子裘平，练就一身拍照、冲洗照片的本领，成了"见真我"第二代传人。"见真我"为上饶古城培养了第一位女摄影师赵子芳，后来她当上了上饶市政协委员。第四代"见真我"传人摄影师王志华和原市照相馆退休员工廖慧蓉（王志华的妻子）夫妻俩在信州饶城东门路8号重新扬起了"见真我"大旗，认真接待每位顾客。

王润兴酒楼是杭州一家很有名气的大酒楼，创办于1934年。1937年后，上海、杭州相继失守沦陷，杭州王润兴酒楼生意日渐萧条，无法支撑，老板无奈宣布关门停业。在酒楼厨房学炒菜烹调技艺18岁的祁伯寿，随着逃难的人群离开杭州城，来到上饶，在水南街的街尾陈家祠堂租了一间小房间，向房东借了两张破旧的桌子和板凳开了家小饭店，为过往客人炒个小菜、煮碗面条或为到县城的农民热热饭。生意非常清淡，有时甚至连房租都交不起。房东周凤莲看到这个浙江来的小青年勤快老实又地道，有意将自己的女儿陈菊仙许配给祁伯寿。于是先收其为继子，并按要求祁伯寿改祁姓郑，两年后继母（原房东）将女儿嫁给郑伯寿，这样一来既是继子又是女婿。这段奇缘后来成了上饶古城百姓口中的一段佳话！

后来，郑伯寿与杭州王润兴酒楼老板商量，决定在上饶开家王润兴菜馆，每年向杭州交招牌费。交招牌费的事一直延续到新中国成立后的第二年终止。

1945年8月15日，抗日战争取得胜利，日本无条件投降。这年8月，上饶王润兴菜馆正式开张了，郑伯寿还把弟弟祁伯洪从金华得月楼掌勺师傅的大位硬拉来上饶。有趣的是郑伯寿先生是经理，掌勺的是弟弟祁伯洪，专门负责收银钱的女老板就是经理的丈母娘。

民国时期上饶人有句口头禅：要吃好找王润兴，要吃快到丁大兴。王润兴菜馆当时选择开在王家弄，是考虑王家弄可直通到西濠沿，那时候汽车站也在边上。那一带旅社多，人口流动量大，生意肯定好。1954年搬到抗建路，与上饶邮电局相邻，附近又有当时饶城最大的百货公司信江商场，也是饶城的繁华中心地段。这也许就是老字号的老板们的生意经。

1956年公私合营，郑伯寿成了私方经理。1985年被市人民政府评为文明单位，当年职工多达68人。1995年1月，因抗建路改造，王润兴菜馆暂停营业。1997年8月，在原址重新开张，店名改为王润兴大酒店。2002年8月，全民所有制的企业王润兴大酒店因为改制，又宣告全面停业。2015年冬季，饶城这块金字招牌又被上饶市政协委员、国家高级烹调技师、中国赣菜大师的喻东辉相识并重新扛起，在位于广信区武夷山大道与七六路交会处的美地印象城隆重开业。如今的老字号王润兴菜馆，如同一颗镶嵌在美地印象城的光耀明珠，熠熠发光！

每一个老字号都是一块闪闪发光的金字招牌，都有一段不平凡的故事和经历，都有别人不可复制的核心竞争力……这些百年老店给人们留下了难忘的记忆，也见证了信州历史的发展。加强对百年老店企业的挖掘、保护和抢救刻不容缓，尤其这几家是抗战时期迁到上饶的江浙老字号，更是我们信州历史文化名城的宝贵遗产。

（作者简介：汪增讨，上饶市抗战文化研究会常务理事，上饶市政协文史馆馆员）

【全民支前】

抗战中的上饶支前

商建榕

2021年是中国人民抗日战争暨世界反法西斯战争胜利76周年。抗日战争中，地处赣东北的上饶县隶属国民政府第六行政区、第三战区，所处战略位置一直是"前方的后方，后方的前方"。

自民国27年（1938）1月第三战区长官司令部从安徽迁至上饶后，日军开始不停地轰炸上饶。浙赣战役日军占领上饶期间，更是实行"三光"政策，上饶处于水深火热之中。

勇敢善良的上饶军没有被敌军的暴行肆虐所吓倒，他们在抗战中万众一心，全民参战，以极大的爱国主义热情，响应国民政府的号召，积极支援前线，踊跃捐献，有钱出钱，有力出力，收容难民和孤儿，慰问抗日将士，优待军属，为抗战做出了巨大贡献，涌现了许多感人事迹。

成立抗敌后援组织

抗日战争爆发后，上饶各界人民在政府的号召下，迅速成立了许多抗敌后援组织，以积极有效的组织各界民众开展各种抗战支前活动。当时具有一定影响的组织有：

上饶县各界民众抗敌后援会。简称抗敌后援会，在民国26年（1937）前后成立，一般由县长和党政军、民众团体、爱国人士代表组成。抗敌后援会下设宣慰工作团、征募委员会，附设肃清仇货、评价、义卖运动委员会，分别开展战时的各项工作。

上饶县出征抗敌军人家属优待委员会。于民国26年（1937）前后成立，机构分县级和区、乡、镇级。县级优待委员会由县长兼主任委员，区、乡、镇、保设优待分会，区长、乡长、镇长、保长等为分会负责人。壮丁入伍时，发放安家费；平时发放现役军人家属优待谷、补助费，以及阵亡官兵家属抚恤金，意外灾变时，发放军属赈恤费。年节时组织活动慰问、优待军属。

上饶县动员委员会。民国27年（1938），根据国民政府颁布的《动员委员会组织大纲》而成立，下设组训股、宣传股、征调股、救济股和征募委员会、食盐调节委员会。因其组成人员和业务性质与抗敌后援会相似，有些地方索性将抗敌后援会改称为动员委员会。

各界民众战时服务团。于民国27年（1938）初成立，由民众团体负责人和商民训练队学员及国民党员为基本团员，国民党县党部干事兼任团长。服务团下设锄奸队、宣传队、慰问队、救护队、募捐队等若干队。

战时服务队。民国30年（1941），日军逼近县境，县镇紧急成立官方与民间相结合的应急组织——战时服务队，将军警、壮丁和各界人士分别组成防空队、工程队、运输队、宣传队、慰劳队、救护队等，以应战时急需。

这些抗敌后援组织在抗战期间对组织民众积极参加抗战活动，集中民间的人力与资金支援前线，均起到了不可忽略的作用。

赈济、收容各界出力

民国26年（1937），日本侵略军占领区的大批难民流入上饶境内，江西省政府通令各县（市），将原赈务会改为难民赈济委员会（简称赈济会），赈济会承担了战时救灾、救济和难民收容、遣送等工作。当时上饶设立了几个难民收容所，并在一些交通路口和农村重要集镇设置收容站。赈济会在难民集中区和路口设施粥站，所耗米粮由义仓积谷拨付（义仓是一种由国家组织、以赈灾自助为目的的民间储备仓）。当年，上饶收容了约7.8万人，人均日给生活费5分到1角（后增至8角），由县政府统一拨款。冬季来临时，全县工商界募集了寒衣3100件发给难民。中央赈济会拨款5000元，给第三救济区上饶办事处购置药品，医药赈济滞留上饶一带的灾、难、病民。

残酷的战争，使大批儿童成为无家可归的孤儿。作为东南抗战大本营重要组成部分的江西上饶，因处于后方与前线交接的抗战区域，成为本土和邻省儿童逃难的集中地区。在逃难来赣途中，张乐平目睹抗战时难童的流离失所，激发了他的创作灵感，《三毛流浪记》就是抗日战争时期难童的缩影，形象、生动地描述了以流浪乞讨为生的难童。

江西在全国最早成立了战时儿童保育会分会，加上省、县两级赈济会组织和一些民间团体的共同努力，数以万计的难童在乱世中才得以存活。民国28年（1939），国民政府第三战区赈济委员会通令：各县依照《抗战期间难童救济教养实施方案》，设立儿童教养保育院、所。当年，上饶成立中国战时儿童救济协会江西省上饶教养院，第三战区政工队遂将平日临时收养的21名难童转入上饶教养院收养。民国30年（1941）11月，上饶教养院由第三战区新生活妇女工作队接办。民国30年至31年（1941—1942），受中国战时儿童救济协会委托，上饶教养院接收了80余名从沦陷区和其他地区收容的难童，经费由中国战时儿童救济协会供给。其间，其他县也设立了类似收养机构，官办、民办或官民联合举办，形式不一。

据不完全统计，民国30年（1941）上饶、广丰、玉山等9个县救济院共收养462人，其中院内收养婴儿91人，院外抚养婴儿73人，孤老273人，残疾25人。各救济院一般都置有薄产，用以养院，但均入不敷出。同年，行政院善后救济总署江西分署对上饶、广丰、玉山等县的救济院实施了战争"特赈"，但收效甚微，幼儿教育所和救济院的收容支出多靠当地一些善士不定期资助而维持。

民国28年（1939），日军飞机多次狂轰滥炸上饶区境，军民死伤惨重。中央、江西省赈济会拨救济款4000元给上饶赈济会放赈，其中死者每名给恤金30元，重伤者20元，轻伤者10元。但远不能解急。

民国31年（1942）浙赣战役发生时，6月15日至8月20日，日军践踏上饶70天。据统计，全县伤亡人数为4446人，其中死亡3501人；直接损失99.87万元（法币，下同），间接损失45.77万元，共损失145.64万元。日军撤离后，上饶县成立寇灾善后委员会，由国库支付抚恤金。同时清查剩余的优抚谷，将其转换成麦种，发放给农民播种，赈贷贫民。次年，省赈济会急赈赣东各县，发放上饶12万元，玉山、广丰、鄱阳、余干各10万元，弋阳8万元，铅山、横峰各5万元。其后又加拨玉山6万元。

民国31年（1942）2月15日，省政府在第六行政区上饶设立"退赣员生登记处"，在婺源、玉山等县设登记站，登记、收容由上海或其他战区失业失学流亡至上饶的教员、学生，给予每月津贴22元的膳食补助，并由登记处转呈教育厅介绍升学就业，就业者以里程远近酌情发给旅费，升学者免除学杂费，每月仍津贴伙食费22元。至3月底，登记的流亡教员、学生有600余人。5月，驻上饶的第三战区司令长官司令部、政治部，会同苏、浙省府、国民党省党部及中央训练团，联合成立失学失业青年招致训练分会，在上饶、铅山、乐平等地设置10所招致站，收容失学、失业青年，转送训导所进行训练。6月，仅上饶一地在两天内即收容青年500余人。但在入所青年中，也有小部分属于凭借党政官员为"靠山"的非沦陷区青年，假造籍贯进所，捞取升学、就业机会。

民国33年（1944）2月，赣县国际救济委员会河口分会鉴于河口地方切实需要发动医药救济，特会同三民主义青年团战区支团部直属河口服务大队，合办河口贫民医院。该院工作对象为救济难胞贫病，医院的经费与药品，多数由赣县国际救济委员会补给。

民国34年（1945）11月，江西省成立行政院善后救济总署江西分署，县分15灾区，区设工作队，"主办本省受灾之六十一县救济业务，以期奠立工业与难民善后之基础"。第六工作队驻上饶，上饶、广丰、玉山、弋阳、余干、横峰、铅山七县属之。善后救济工作队直属善后救济分署，主持所辖各县善后工作，以救济为主。民国35年（1946），善后救济工作队开始承接难民遣送工作。难民交通工具和在途旅膳费，由善后救济分署供给。返籍难民因田园荒芜、屋舍无存，以致谋生困难者，凭回籍难民证件，领取善后救济分署发给的补助费。

"毁家纾难"募捐、捐献

抗日战争时期，国民政府发出"有钱出钱，有力出力"的号召，并对捐赠贡献大的个人颁发匾额、奖状、奖章，或明令嘉奖、记功。各行政区不定期地举办各种募捐活动，募集抗战所需资金，尤以上饶、铅山的募捐活动最为积极、热忱。淞沪会战后，上海一批著名的漫画家分别组成几支队伍，奔至全国巡回宣传抗战。由张乐平率领的漫画宣传分队，在上饶一带经常举办流动抗日漫画展览，还编印出版油印的《漫画旬刊》和《星期漫画》，对上饶人民为抗战募捐的活动起了积极推动的作用。

民国26年（1937）上饶县全县认购抗日救国公债1万余元。7月，航空建设协会举办"公务员飞机捐"，公务员按薪额1%～10%扣款捐献。至27年（1938）11月，实施国难减薪，公务员一律只发给生活费。

民国28年（1939）7月，第三战区医院的伤兵、难民急需医药，上饶所在的第六行政区成立征募医药运动委员会，三战区政治部派出4个剧团、宣传队，分赴所属各县游艺募捐，举行义卖活动。所到之处，政府官员、军队官兵、商会组织、家庭妇女、学龄稚童、小商贩等各界民众无不积极响应，场面热烈。有学童将早餐省下，捐给募捐会；还有家庭妇女，将家中唯一值钱的陪嫁金戒指，当场摘下来捐献。著名漫画家张乐平、麦非等人，在会场义务为民众画像，每人捐1元至数元钱，便可由几位名画家为其画一幅肖像，捐款求画像的人甚至排起了长队。三战区司令顾长官、政治部谷主任亲书对联，各界以重价争相义买。游艺募捐会上，还有从前线撤到上饶野战医院疗伤的伤残军人，也捐出自己的津贴，并发表慷慨激昂鼓励大家的讲话。《前线日报》7月28日登载称：

医药征募委员会连日在饶举行义卖，成绩甚佳，二十六日成绩尤良。一般商人均深明大义，争相义买。兹悉商会以三十元定买司令长官对联一副，绸业同业公会竟以六十元定买谷主任对联两副，广货业同业公会以五十元定买易专员对联两副，农村合作社特派员以二十元义买易专员单条一幅。

有张自然君，捐献名贵书画多件，并规定最低义卖价格，是日重价义卖者有药业公会。晚间，上饶宣慰团参加表演，颇得观众好感，一时争买糖果者踊跃无比……

这次义卖活动仅2月余，募捐会即向银行兑款3万余元。

同年9月，三战区剧团、宣传队赴商贸重镇铅山县河口镇义卖会举办义卖活动，义卖所得1600余元，全部解缴国民党中央军委，拨充抗战军用，蒋介石手谕嘉勉"该会慷慨捐输，共纾国难，热心爱国，欣慰殊深，着即传谕嘉勉，以昭激励"。

同年秋天，第五行政区成立劝募布鞋劳军运动委员会，要求民众"有钱出钱买布，无钱出力缝制"，募得布鞋2万双，送往前线。玉山县人张清华捐制寒衣1500件，慰劳抗日将士，江西省政府明令嘉奖。广丰县人徐浩、季桃华因年迈不能参战，变卖全部家产，所得130万元悉数捐助抗日将士，蒋介石亲题"毁家纾难"匾额2方，分赠2人，并电告广丰县县长代其致谢。

民国29年（1940）春节期间，上饶县民众积极响应"春礼劳军"活动，改革年俗，节约年节费用，除提倡正当娱乐外，各界热心赞助募捐、义卖，慰劳抗战将士，解囊捐输者纷至沓来，极为踊跃。煤油商号恒昌、广货商号杨鸿美等，激于爱国义愤，各自捐献春礼劳军代金100元，此外尚有许多小店主人均捐献20元不等。第五、第六行政区部分县举办"富绅捐""缓役捐""利得捐"，每保约摊30元，并动员办喜事的人家节省宴会、爆竹钱，捐出劳军。上饶、万年2县募得7.64万元，部分用以劳军，部分捐给抗日军属。6月，因军用物资跟不上前线需要，第六行政区发动各界妇女制做10万双布鞋劳军，政府给每双鞋以6元钱的补助，仅上饶县便制做布鞋1.95万双。三战区政治部副主任冯剑飞将各方贺其女儿满月的礼金355元全部捐出，捐赠义童添置夏令制服用。

民国30年（1941），铅山县举办"义民号"献机运动，号召民众捐款购飞机参战，居民悉数参加，难民节食3天，募得771元（法币）。民国31年（1942），中国航协发起"一元献机运动"，万年、广丰2县捐款2.8万元。民国32年（1943）秋，因战争飞机损耗太大，江西省开展"一县一机"献机运动，区境各县均成立"一县一机劝募委员会"，开展宣传、鼓动工作。上饶、玉山县各募捐20万元，各购飞机1架。

民国30年（1941）7月，为纪念"七七"事变，上饶民众掀起"七七献金"运动，以支援前线。上饶私立崇华小学的小学生，本着"有钱出钱"的大旨，将平日买糖果、点心所积蓄的零钱捐献出来，共计52元，为"七七献金"首倡。冬，战区各机关组织征募寒衣公演活动，荣誉军人第三休养院、空军总站、长官部、兵站总监部等票友50余人积极参与。

民国32年（1943）11月，上饶县成立"一县一机劝募委员会"，下设劝募、宣传、财务三组，借县府办公，劝募数额40万元。次年（1944）1月，上饶县政府为厉行战时节约，革除民间陋习，特依按社会部颁发的春节节约办法，订立《上饶县春节节约办法》，如有违规者，酌情勒令捐献1000元以上、2000元以下的"献机捐"。

1941年在动员民众献机运动中发行的航空救国券

整个抗战期间，上饶的征募活动从未间断，人们克服战争造成的物资匮乏，在自身生活尚不能温饱的情况下，勒紧裤带，积极参与募捐，从中可见广大民众拳拳爱国之心。但也有一些官吏、豪绅利用人们的爱国热情，巧立名目，进行征募，乘机从中渔利，发国难财。其征募名目繁多，如寒衣捐、暑药捐、飞机捐、雨衣捐、慈善捐、救国捐、难民捐等，每次1～5元不等，名曰"乐捐"，实为摊派。

除了经济上的捐献，上饶人民从各方面以实际行动支援着抗战。对迁到上饶的三战区驻军单位给予了无私的帮助，他们宁可自家挤一点，主动让房借物，经济上略有损失也毫无怨言。如茅家岭街道的汪家园龚家103号，据当年屋主的后裔称：抗战时期，这座大屋刚刚落成，尚未入住，三战区政治部办公室急需征用办公地点，屋主欣然应允。抗战结束后，这座新屋又被用作伤兵医院，直到1949年。

百万民工支援前线

上饶作为重要作战区域之一，承担着支持东南抗战及屏蔽西南大后方的重要责任。为阻止日军的进攻，上饶军民做出了巨大的牺牲。

民国26—28年（1937—1939），为阻击日军进犯，上饶各地的关隘要冲均构筑防御工事，挖掘战壕、修建碉堡（原设在刘家坞文笔峰上的一座碉堡，直至前几年才拆除）。这一时期，全县征用民夫面广量大，耗资甚巨，但未起多少实际作用。

民国28年（1939）9月，国民政府修建马当江防，上饶及各县援以大量人力、物力，仅鄱阳一县就运去石块8.7万立方米和每立方米折合60公斤的大石块35块，动用载重400石以上的船只52艘，将石块运抵马当，连船带石凿沉江底，耗民力、民资甚巨。

1942年，日军发动浙赣战役，由江浙沿浙赣铁路线逼近上饶区境，第五、第六行政区征用百万民夫破坏交通，对境内长达320多公里的5条公路干线实施破坏，炸毁铁路路基、公路桥梁，烧毁渡船。上饶县境内的主要公路，都实施了不同程度的破坏。耗去大量竹木、船只、铁锚，堵塞河港湖汊所有船运通道，上饶江湖流域民间船户的铁锚几被征用殆尽。

同仇敌忾　抗击日军

在日军入侵上饶的日子里，英勇不屈的上饶县人不分军民，同仇敌忾，顽强地抗击了日军。

日军入侵上饶前夕，秦峰乡自发成立两支抗日游击队。1937年6月中旬，两支游击队合并，成立抗日游击队司令部，郑明水任司令，郑英任副司令兼大队长。6月下旬，在明坞（今岩坑村）与日军相遇，战斗半小时，日军败退，伤数人，游击队缴获战马一匹。7月18日，游击队在管家村郑家坞岭击毙日军军官1名，缴获勃朗宁手枪1支，战马1匹。7月下旬，日军包围管家村，游击队撤到鸡笼山脚下遭日军埋伏，游击队指挥祝定一中弹牺牲。

同年6月23日，灵溪张家村老四崽、张家玉、张康溪、张绍水4人用菜刀杀死日军1人。27日夜间，灵溪桥头街屠夫徐老四潜入日军寝室，杀死日军5人。29日，县抗日游击队在灵溪桥头街徐明德家内伏击前来抢劫的日军，歼敌20余人，缴获枪20支。

7月3日，灵溪村民张寿柏、梁士开杀死日军1人，救出被日军押送的本村村民张康衢。23日，国军某部袭击驻守于灵溪祝同中学的日军，歼敌数名，缴获机枪3挺。28日，朝阳乡郑村村民袭击日军，打死日军数名。8月13日，国军四十师一二一团于皂头象鼻山伏击日军，歼敌60余名，活捉3名。19日，国军某部兵分三路进攻县城广平镇，夜间10点，日军向东逃窜。次日，国军收复沙溪，日军全部被驱逐出境。

慰问劳军　妇女争先

抗日战争时期，第六行政区的劳军活动非常活跃，尤其是上饶县广平镇工商界，每逢年节或春秋换季之际，各界都要开展募捐劳军活动。三战区妇女工作队除募捐外，还发动各界家庭妇女到前线慰问。妇女工作队又称新生活妇女工作队，是在宋美龄的倡导下成立的妇女组织，培养了大批优秀的妇女干部，活跃在各战区城乡，致力于激发国民的爱国热情，动员她们以一切实际行动支援前线抗战。

民国27年（1938）11月18日，上饶县各机关团体、学校、商店、住户募款800元，购置慰问品，各界民众代表前往战区医院慰问从抗日前线撤下来的负伤官兵。次年2—3月，县城城区民众在1个月之内举行了3次劳军活动，募得7000余元，由妇女工作队率农村妇女赴前线慰问。6月，上饶、弋阳等县妇女工作队发动"五枚钱"募款运动，购置大批慰劳品，组织战地劳军团（内有妇工队干部24人），前往赣北前线慰劳作战官兵，并在阵地上举行歌咏、话剧表演，帮助战士写家书、缝补衣服。7月，第五、第六行政区所属各县分别组织暑期联合劳军团，分3批赴皖南慰劳前线将士。慰劳品有衣裤、鞋袜、蒲扇、毛巾、中西药品、书籍、邮片、慰问信和锦旗等。

民国29年（1940）3月，三战区妇女工作队在国际"三八"妇女节发起"三八大慰劳"劳军活动，组织4个战地慰劳团（其中第4团由上饶、铅山、弋阳等县组成），由上饶经金华、绍兴到前线慰劳。慰劳品有现金2600元、布鞋3887双、麻鞋1750双、毛巾500条、肥皂220块、鸡蛋1000个、急救包200只，还有慰问信、书刊和日用品等上万件。当年端阳节，上饶各界民众抗敌后援会派员率领宣传慰问工作团，携带募集的500余斤猪肉和大批粽子、鸡蛋及其他民间食品，前往某后方医院慰劳伤病员，并举行游艺慰问。

民国30年（1941）6月，四川省党政军民前线慰劳团第一分团抵达上饶，转赴赣东前线慰问。7月，上饶县政府各机关派代表前往沙溪慰劳荣誉军人。同时组织了4个慰劳队分别到吉阳、南屏等地慰劳出征军人家属，并进行游艺演出。9月，福州大捷消息传来，三战区妇女工作队派出慰劳组，携带毛巾1万条、鞋子1.5万双，前往福州慰劳参战将士。在此之前，战区妇女工作队在全区发起中秋节劳军运动，征募月饼3万枚，于节前携带月饼分赴各兵站医院、后方医院和直属部队进行劳军活动。12月，上饶县动员委员会召开筹募冬令劳军会议，决定由各机关及区、乡、镇公所负责征募劳军棉背心301件，再由第六区专署、上饶县政府、县商会、妇女指导处等机关组成慰问团，慰劳驻饶将士。同月底，上饶各界庆祝元旦筹备会组织各界出征军人家属及荣誉将士慰问团，于元旦出发慰问驻饶军队。

民国31年（1942）3月1日，全国慰劳总会前线将士慰劳团第三团，抵上饶慰问抗战将士，上饶各机关团体代表约200余人举行欢迎茶话会，热闹非凡。次日，慰劳团离饶转赴金华、皖南各地慰劳。上饶各界发起"献金献物献身运动"，募集慰劳金1100元，其中600元慰问官兵，200元慰问军属，300

元慰问教养所、院的难童。年底，又募集棉背心300余件，慰问驻地官兵。

民国33年（1944）1月，上饶各界发起慰问湖南常德杀敌壮士活动，募得慰劳金5万元，寄全国慰劳总会转常德将士。6月，上饶、广丰、玉山、铅山4县联合发起劳军活动，于端午节携带慰劳品，前往江山某地慰劳抗战官兵。6月25日，上饶各界妇女向各地银行、商号发起募捐，得款4万元，会同县政府社会科长及各公、私立医院院长，前往某地慰问刚从浙东前线撤下来的负伤将士，并向每人赠送法币30元、猪肉半斤。上饶军警稽查处及驻饶九江警察大队，派出官警多人前往部队驻地，为军人代写家书等。

民国34年（1945），驻上饶的江西军人监狱在押犯人主动节食，节省出2.4万元，送《前线日报》转全国慰劳总会，慰问前线将士。9月，浙赣铁路玉山车段管理处为庆祝抗战胜利，全体员工捐1个月薪水计8万余元，半数捐赠第三战区荣誉军人，半数捐赠上饶、广丰、玉山、横峰、铅山、弋阳、万年、余干等县出征军人家属。

优待军属　救济扶助

民国29年至30年（1940—1941），为鼓舞士气，解除抗日军人后顾之忧，上饶行署和乡公所分别成立出征抗敌军人家属优待委员会和优抚分会，主管军人家属的抚恤和优抚工作。县政府制发"出征军人之家"木牌或文凭，发给军属，以示优待。

民国29年（1940）三战区机关报《前线日报》发表社论，强调优待出征军人家属：

按照中央规定救济出征军人家属的办法，如发给生活费，扶助其职业的经营，豁免临时捐款、工役、子女学费、诊病医费，发给直系亲属死亡的埋葬费，眷属生产的助产费及意外灾变的赈恤费，并其他权利的保障等。

民国30年（1941）3月9日，上饶县转发省厅通令《国民优待抗战军人家属公约》：

一、要切实遵行政府颁布的优待"抗属"条例；

二、"抗属"有困难要尽力帮助解决；

三、"抗属"有灾患要尽量设法救济；

四、要扶持和慰问"抗属"的疾病；

五、"抗属"有丧事要赈助；

六、"抗属"有婚嫁喜庆要致贺；

七、每逢年节要给"抗属"送礼；

八、一切社会公共福利事业要让"抗属"尽先；

九、要尽力帮助"抗属"做工种田和收获，享受优待权利；

十、随时随地尊敬"抗属"。

同年6月1日，省政府颁布《江西省医药界优待抗战军人家属治病及购药实施办法》，以救助病困军属，上饶实施情况不详。

民国31年（1942）1月17日，《前线日报》全文刊登《国府明令修正条例优待出征军人家属》，其中第四章"优待"规定（节选）：

第九条　出征军人在出征前所负之债，可延至服役期满后第二年内清偿。

第二十三条　出征抗敌军人家属，得减免临时捐款及劳役。

第二十四条　出征抗敌军人之子女弟妹入公立学校肄业者免收学费。

第二十五条　出征抗敌军人家属入公立医院或诊疗处所治疗者，得免纳诊疗费。

第二十六条　出征抗敌军人家属得优先享受一切公益设施之利益。

第三十五条　军属有下列情形之一者，得申请救济。

（一）生活不能维持者；

（二）疾病无力治疗者；

（三）死亡不能埋葬者；

（四）子女无力教养者；

（五）子女无力婚嫁者；

（六）遭受意外灾害者。

另外规定征属可不负担临时摊派。少校以上军属，从当年起不再享受优待。

民国31年（1942）"三八"妇女节期间，三战区妇工队发起"三八"一元献金运动，慰劳抗日军人家属，筹集慰问款1100余元。自当年起，各县陆续创办抗战军人子弟学校，免费吸收征属子弟入学。

民国33年（1944）1月，三战区发动知识青年积极参加远征军，上饶县仅1月即有20多人报名，玉山县4—5月有114人报名。政府规定其家属生活由"政府予以适当保障，至青年学生参加远征军者，其学籍准予保留"（《前线日报》1944年1月3日）。同月，玉山县政府为解决军属生计问题，在全省首创"县立征属职业补习学校"，对征属授以染织、缝纫、印刷及教育用品、肥皂等制造技术，以资自救。学校教务主任由省民教管生计部主任彭溯贤担任，全年教育经费16万元。

同年5月，上饶县将上年筹募的40万元优待金，全数购置食盐、毛巾，在端午节发放每一征属及预出征的壮丁。据上饶县出征军人家属优待委员会负责人统计，当年"全县共有征属5204人，彼等大半系贫民，生活异常窘困"，为救助征属，上饶县决定以历年积余的优待谷作为经费，开办征属工厂及军民合作站等，授予征属生产技术，收容征属就业，以安定其生活。此外对征属子弟的教育，当局亦极为重视，下令各保的国民学校，尽先收纳征属子弟。并在报刊上号召全社会关注征属："值此中原战局紧张之际，甚望社会人士能予征属多种优待……"上述措施虽然规模很小，所起作用亦十分有限，但对抗战时抚慰军心还是起到了一定的作用。

民国34年（1945）起，国民政府制发《抗战官兵服役证明书》，作为县优待会给予优待军属的凭证。并颁布《优待条例》规定："自民国29年2月1日以前自动入伍的出征军人均享受优待"。通常普通兵每人发给安家费30～100元，远征军人发给安家费200元左右。优待经费基本上来自社会募捐，各县均无专项固定基金。平时每户发放优抚谷2～7担，年节时发放每户优待金或慰问款10～50元不等。间或有妇女、商会组织募集一些猪肉、食盐、毛巾等物资，慰问军属时上门发放。"优待谷"由县田赋管理处代为征收：凡田产在2亩以上者，每亩征收8升（未满2亩免征）。壮丁"安家费"每名30元，由各保自筹，应征时一次发给。故此作弊者甚多，多半不能发放到位。

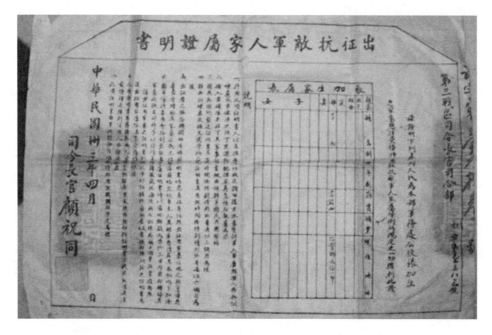

第三战区司令长官司令部颁发的《出征抗敌军人家属证明书》以示优待

抗日期间，各级政府对抗日军人家属的优待条例虽然比较完善，但多未落在实处，一因战乱，资金难以筹措，加之地方官员的腐败贪污克扣，抗属多半生活维艰。据民国32年（1943）《前线日报》载："上饶全县有征属共9000余人，彼等之生活状况，泰半困难异常。政府发给之征属优待谷，均不能按期领取。有鉴于此，新订本年优待谷征收办法……"又据民国34年（1945）广丰县调查报告《出征军人家庭经济概况》所示："征属总数11749户，困难的925户，占7.9%；赤贫的8703户，占74.1%；仅可维持生活的2025户，占17.2%。"这些抗日军属，因家中主劳力参军上前线，家中老小难以维持生计，在抗战期间忍受了比一般家庭更为深重的痛苦磨难。他们为抗战的胜利做出了不可磨灭的巨大奉献。

近年来，随着国家对抗战老兵的日益关注重视，许多民间团体组织也发起了"关爱抗战老兵"的活动，对幸存的抗战老兵们上门慰问，关心他们的晚年生活，了解并记录他们的抗战经历。抗战老兵们在国家和民族危难之际做出的牺牲，得到了全社会的敬仰。

上饶市抗战文化研究会拜访　　　　听玉山县抗战老兵虞元顺讲述抗战的经历
　玉山县抗战老兵虞元顺

上饶市抗战研究会访问横峰县抗战老兵杨金标

1944年响应政府号召知识青年从军的玉山县抗战老兵吴忘我

上饶市抗战文化研究会访问横峰县抗战老兵张升良

上饶军民英勇抗击日本侵略者

罗时平

日本帝国主义发动大规模侵华战争后，迅速将战火向内地扩展。位于江南腹地的上饶也惨遭日军铁蹄的蹂躏，日军所到之处烧杀淫掠无恶不作，罪行累累，罄竹难书。

一、日机对上饶的轰炸

日军侵犯上饶，是从飞机入侵开始。上饶最早受到日本飞机轰炸的地方，是上饶县城广平镇（今信州区），时间为1937年9月。造成人员伤亡最多的一次是在1941年4月24日的黎明，共有36架日本飞机轰炸上饶县城和皂头，县城中街（今信州区信江中路）1里多长的大街两旁所有店铺全被炸毁，共炸死、炸伤680多人，尸体遍地，断壁残垣，一片废墟。

日机轰炸上饶一次造成人员伤亡100人以上的还有10次：一是1939年4月9日上午，9架日机在玉山西门投弹70余枚，炸死100多人，炸伤200多人；二是1939年6月28日晨，30多架日机轰炸上饶县城水南街，炸死100多人，炸伤100多人；三是1940年4月4日上午，20架日机轰炸上饶县皂头乡，下午再次轰炸，炸死、炸伤100多人；四是1941年3月3日上午，日机27架在弋阳县城投弹100多枚，炸死、炸伤300多人；五是1941年4月4日，60多架日机轰炸上饶县城和皂头，炸死、炸伤100多人；六是1941年4月15日，9架日机轰炸广丰县城，炸死、炸伤130多人；七是1942年4月15日，日机轰炸玉山县城大西门、小西门，炸死、炸伤100多人；八是1942年4月28日，日机8架滥炸玉山县城大街和大、小西门及横路街、三里街，仅小西门一处就炸死百余人；九是1942年6月，日机轰炸玉山横街峡口，死伤100余人，江西裕民银行行长全家4人均被炸死；十是1942年6月15日，日机轰炸余干瑞洪、梅港等地，炸死、炸伤200多人。

抗战期间，现上饶市所辖的12个县（市、区），除德兴外，其他11个县（区）都遭到过日军飞机的轰炸。据不完全统计，上饶抗战期间共受到600多架次日军飞机的轰炸，人员伤亡总数在3500人以上。

二、日军大规模入侵上饶

1942年4月18日，美国飞机从航空母舰上起飞首次轰炸了日本东京、名古屋、大阪、神户等地，后在中国境内江西玉山和浙江衢州、丽水机场降落。这次突然轰炸引起日本朝野和本土陆、海军的极大震惊。日本大本营为防止中、美空军利用中国浙赣一带的机场对日本本土实施"穿梭式轰炸"，解除停在浙赣机场的中、美飞机对日本本土的威胁，确保其在中国沿海的占领区，决定组织浙赣战役，打通浙赣线，摧毁浙赣线上的中国空军基地和机场。日军调集第十三、第十一军九个师团，14万余人，在中国派遣军总司令畑俊六的指挥下由杭州、南昌两个方向，沿浙赣线东西对进。5月13日，日本第十三军从杭州出发，沿富春江和浙赣线西进，向国民党第三战区发动攻势。5月27日，日本第十一军从南昌沿浙赣铁路东进。5月23日，东线的日军包围并攻陷了浙江金华、兰溪，国民党军队节节败退，日军长驱直入。6月12日，日军侵占玉山，13日攻占上饶和广丰。西线日军于6月29日攻陷弋阳，7月1日东西线日军在横峰会师，浙赣线被打通，浙赣两省境内机场全被摧毁。

日军占领上饶期间，实行惨绝人寰的"三光"政策，见人就杀，见房屋就烧，见财物就抢。全市除德兴、婺源两个山区县外，其他县（区）都遭到日军铁蹄的蹂躏，上饶数万余无辜民众惨死在日军的屠刀之下。据1946年4月出版的《江西省抗战损失调查总报告》，玉山沦陷期间被日军杀死、杀伤

7000余人，加上飞机轰炸伤亡1000余人，全县共伤亡9059人，其中死亡6604人；广丰伤亡7740人，其中死亡2211人；上饶县伤亡4446人，其中死亡3501人；余干伤亡787人，其中死亡682人；鄱阳伤亡374人，其中死亡227人；弋阳伤亡373人，其中死亡314人；横峰伤亡164人，其中死亡83人；铅山伤亡171人，其中死亡82人；万年伤亡26人，其中死亡14人。上饶全市共伤亡23140人，其中死亡13718人。

上饶沦陷期间，日军的"三光"政策给上饶人民的财产造成重大损失。据不完全统计，上饶县直接经济损失共达1456342.6万元（当年法币，下同）；玉山县直接经济损失共达844553.8万元；广丰直接经济损失共达621735.6万元；余干直接经济损失共达370964万元；鄱阳直接经济损失共达358932.2万元；铅山直接经济损失共达337733.8万元；弋阳直接经济损失共达336433万元；万年直接经济损失共达103924万元；横峰直接经济损失共达72500.8万元；婺源直接经济损失共达2208.5万元。上饶全市经济损失总数为3048985.7万元。

三、上饶人民保家卫国

面对凶残至极的侵略者，具有光荣革命传统的上饶人民不甘心当亡国奴，自发地组织起来，支援前线的中国军队打击日军，并拿起大刀、长矛、扁担、锄头做武器，英勇抗击日本侵略者。

在上饶，秦峰乡农民组成的抗日游击队多次袭击日军，毙伤日军多人，缴获战马2匹和手枪1支。抗日游击队还配合中国军队在皂头象鼻山伏击日军，毙敌60多人，活捉3人。灵溪张家村农民张家玉等4人，用菜刀砍死1名进村作恶的日军。桥头村屠夫徐老四夜闯日军营房，用杀猪刀杀死5名日军。村民张春柏、梁士开杀死1名日军，救出被日军抓去的1名村民。

在玉山，从上饶集中营逃出来的共产党员姜献华等人在玉山下镇组织成立了100多人的浙赣边区抗日游击大队，出其不意地袭击日军，使其一时不敢下乡作恶。横街农民抗日义勇队100多名村民多次英勇抗击日军，毙敌20多人。林岗乡周溪村农民张洪顺、姚树木发现3名日军企图强奸一青年妇女，便手持梭镖，当场刺死2名日军，另一名受伤日军第二天也因伤而死。八都黄茅村李姓兄弟俩用锄头砸死1名进村抢劫的日军。

在弋阳，日军攻入弋阳县城后，广大民众与中国守军一道同日军进行了激烈的巷战，毙伤日军400多人。1942年7月11日，6000多名民众抗日武装配合2个营的中国军队，设计埋伏，在弋阳义岭与日军激战一天，歼敌200余人。

在余干，日军6人窜至余干扬港乡彭家抢劫，当地农民奋起反击，打死日军5人，缴枪6支。9名日军进犯余干楼下村，被农民用大刀、长矛、锄头、扁担全部打死。单溪村村民趁6名日军下塘洗澡之机，一拥而上夺其枪支，用乱棍将日军全部打死。程家村农民程宝兴夜间带8人摸进日军驻地，杀死3名日军，缴枪2支。

在广丰，农民自发组织起抗日游击队、大刀队、梭镖队、鸟枪队，进行各种战斗392次，并配合中国军队与日军打了5次大仗，歼敌900余人。

上饶人民保家卫国的英勇斗争，沉重打击了日本侵略军，有力地配合了中国军队的作战。在上饶人民的有力配合下，驻扎在上饶各县的国民党军队也不同程度地打击了日本侵略军。驻广丰五都的第三十二师官兵在十字垄一带与日军激战3天，歼敌300多人。第一〇五师在五峰山歼敌400多人，在乌岩山歼敌90多人。驻弋阳的三战区某部在城郊歼敌400余人。第四十九师在双港义岭歼敌200余人。驻上饶的第四十师一二一团在象鼻山歼敌60余人，活捉3人。

在上饶军民的英勇抵抗下，日军从1942年8月19日开始撤退。8月18日上饶军民收复弋阳，19日收复上饶、横峰，20日收复广丰，21日收复玉山，22日收复余干，23日收复鄱阳。至此，上饶全境彻底赶走了侵略者。

抗战时期上饶举行的"七七"纪念大会

徐协国

民国28年（1939）4月，国民党第三战区长官司令部由安徽屯溪迁往上饶，所属机关单位也相继迁入上饶，政界要人和东南五省大批文化人士与团体聚集上饶，从事抗日救亡活动，在上饶演绎了威武雄壮的民族史诗，上饶成为苏浙皖赣闽东南五省抗战的军事、政治和文化中心。为鼓舞军民抗战的决心，上饶城每年7月7日军民都要举行纪念大会。

民国29年（1940）7月7日，为纪念"七七"事变爆发三周年，上饶各界民众举行了隆重的"七七抗战建国纪念大会"。这是自"七七"事变以来在上饶举行的第一次大规模的纪念活动。活动分为三个时段进行，清晨公祭阵亡将士，午后举行纪念大会，晚间全城提灯游行。

清晨5时，中山堂内，庄严肃穆，为阵亡的抗日将士公祭在此举行，会场大门悬挂的"浩气长存"四个大字格外醒目，会场内设有用纯白布扎成的灵屋一座，内悬第三战区司令长官及三战区各个机关、人民团体与社会各界挽联数十副，由第三战区政治部主任谷正纲代表主祭，各界代表相继献花，并朗读祭文，再鸣放爆竹。祭毕，一起赴中山公园举行无名英雄墓奠基典礼。

下午5时，在中山公园举行纪念大会。第六行政区专署易希亮专员作报告，阐述抗战建国与纪念"七七"事变的意义。会上宣读了《致前方全体抗日将士书》。以三战区全体民众的名义，向抗日将士在前方浴血奋斗、不畏牺牲的精神致敬，并号召全体军民团结御侮，前赴后继，奋勇杀敌，以竟全功，完成抗战建国之大业。

晚上，上饶举行了全城提灯游行。

参加纪念大会的军民有数千人之多。

第三战区机关报《前线日报》"星期漫画"栏目于这天还出了纪念增刊。

1940年赣东各界在上饶举行盛大纪念典礼

1940年赣东（上饶）民众纪念"七七"大会会场一角

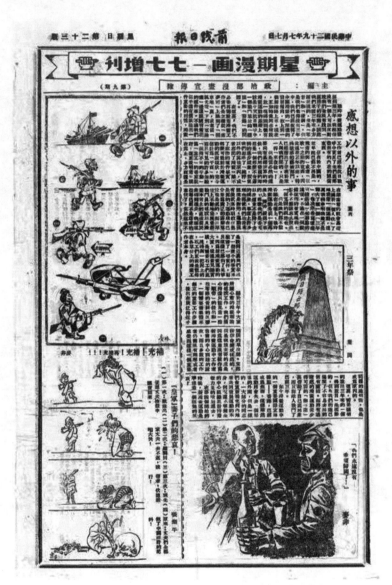

1940年7月7日《前线日报》纪念"七七"事变的专刊

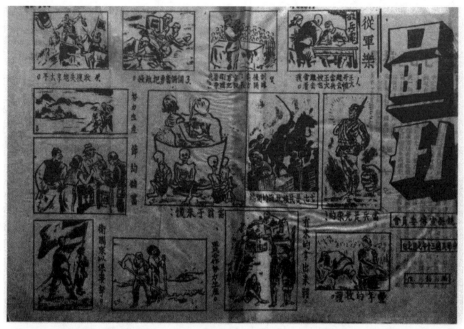

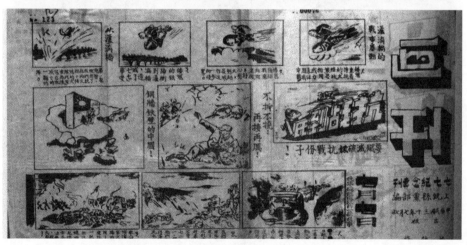

1941 年上饶纪念"七七"事变的宣传画

注：以上图片来自上饶市档案馆。

（作者简介：徐协国，上饶市档案局原副局长，正县级调研员；上饶市抗战文化研究会常务理事）

【抗战文化】

抗战中的上饶新闻业

商建榕

民国28年（1939）春，第三战区长官司令部迁至上饶县城广平镇与皂头乡，随着大量军政机关的进驻，加之许多从沦陷区流亡转移到饶的文化团体，上饶县各种文化活动频繁，也带动了新闻业的迅速崛起。抗战期间，小小一县汇聚了多种新闻报刊和读物，仅书局就有好几个：如战地书局、时代书局、协丰书局、文光书局、文化服务社等。先后在上饶编辑出版的报纸杂志达数十种，有《前线日报》《民锋日报》《民国日报》《东南日报》《赣东日报》《上饶日报》《东线文艺》《民族正气》《草原旬刊》等，还有许多非正式出版但影响不小的新闻通讯如《抗宣通讯》等。战时物资匮乏，但因邻县铅山产纸，运输便利，故此报刊业十分兴盛，发行广及东南五省，甚至远至南国。其中影响最大的是《前线日报》。这些报刊为抗日救亡运动和宣传普及革命文化做出了巨大贡献。

享誉东南的《前线日报》

《前线日报》是抗日战争时期国民党第三战区长官司令部的机关报，具体由三战区政治部第三组（宣传科）负责的军报。民国27年（1938）10月1日创刊于安徽屯溪，以"宣传抗日至上，激发民族意识，促进民众动员"为办报宗旨，偏重抗战军事报道，向东南五省国民党部队与政府机关发行。第一任社长李俊龙，总编辑是司令长官顾祝同的亲戚——曾在日本留学的马树礼。马树礼原在菲律宾办报，1938年投笔从戎，被派到第三战区政治部服务，在皖南屯溪创办《前线日报》。3个月后，宦乡由妻弟许闻天介绍入报社工作，任副社长兼总编辑。报社下设20个股室，日出四开两张。

民国28年（1939）4月，《前线日报》社随第三战区长官部从安徽屯溪迁来上饶，驻上饶县城水南荷叶街，编辑部和印刷厂先设在荷叶街俞仙殿，后移至铅山县永平镇暇乐街（这两地遗址尚存）。报社迁址上饶后，报社人员进行了充实调整，马树礼改任社长，宦乡任副社长兼总编辑。随着业务的扩大，《前线日报》社在上饶城内设立了门市部，并买下铅山造纸厂，在铅山开办了第二印刷厂，相应的人员也大大地增加，职工多达300余人，成了战时东南五省报业界的佼佼者。

民国31年（1942）6月，日军发动浙赣战役攻陷上饶，《前线日报》社随三战区长官部机关迁往福建建阳。同年8月，日军退出上饶，《前线日报》又迁回上饶出版，由宦乡负责；留守建阳的部分改为分版，由邢颂主持。两地以电讯联系，拍发社论、要闻。建阳版于民国32年（1943）2月停刊。民国32年夏初，日军又有进犯赣东之势，报社不得已又迁至铅山县城永平镇。抗战胜利后，民国34年（1945）10月1日报社迁上海，民国38年（1949）4月终刊。

《前线日报》自创刊日起，直到抗战胜利，从未停刊一日，报纸畅销东南五省，并有出版社、通讯社及印刷和造纸厂等副业。

《前线日报》头版以刊登国内外新闻为主，国内要闻全部采用中央社电讯。第二版主要是副刊，专栏名目多样，有"报纸杂志"之称。《前线日报》的脱颖而出，引起战时国内报业界、军政界及众社团的瞩目，中外记者纷纷到报社来采访，国内许多著名人士纷纷给《前线日报》撰稿。当时许多国内文化名流都曾为《前线日报》的副刊撰稿，一些专栏都聘请名家主编，如诗刊由著名诗人覃子豪主编；版画由以张乐平为队长的政治漫画宣传队负责；文艺评价则由国立济南大学教授许杰主持。老舍、张恨水、臧克家、曹聚仁、张乐平、张慧剑、聂绀弩、雷后榆、孙伏园、王西彦、张骏祥、宦乡、千家驹、王芸生、王造时、沙千里、廖冰兄、陆志痒、徐甫堡、覃子豪、费孝通、章乃器、徐先兆、程兆熊教授等著名大家，都在《前线日报》上发表过文章。曹聚仁的《瓜棚闲话》《南进邮书》《灯》（长篇连载）在读者中引起了较大反响。张恨水除写过《天津卫》《秋笳集》外，还因上饶是他的出生地，曾发表过一篇《我与上饶》的文章，以答谢赣东北读者的关注。

《前线日报》社的进步思想和相对宽松的工作环境，也掩护了许多中共地下党员的活动。电影《永不消逝的电波》主角原型李白，于民国33年（1944）和部分电台职员从浙江淳安迁至江西铅山，李白夫妇曾住在铅山永平镇霞落街祝家巷二号《前线日报》的机关宿舍。李白利用国民党的电台，为党秘密传送日伪和美蒋方面大量的战略情报。当时正在新四军工作的著名作家聂绀弩也是《前线日报》的撰稿人，新四军的石西民（后任国家出版局局长）、黄源（著名翻译家）等人还来报社与宦乡联系。

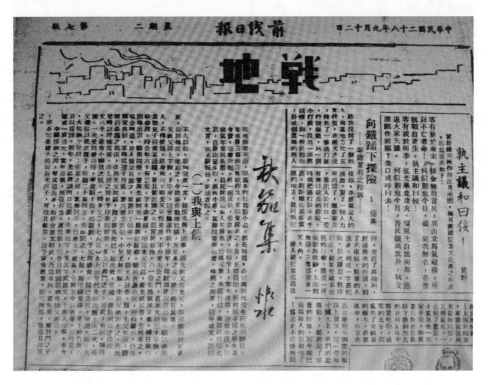

1939年9月12日《前线日报》刊登作家张恨水的《我与上饶》

《前线日报》的副刊、专刊内容丰富、形式活泼，对法律、卫生、婚姻等各种问题常有妙趣解答，对下层民众的困苦有所同情，体现了五四运动以来的民主与科学的进步思想，具有较高的专业水准，同时记载了抗战时期的真实历史，尤其是日本侵略者残酷屠杀国人的滔天罪行，激发了中国人民抵抗侵略保家卫国的激情，故而大受欢迎。远销至广东、广西，成为当时东南国统区发行量最大的日报之一，产生过重大的社会影响。

《前线日报》之所以成为抗战名报，与其主编宦乡有极大关系。宦乡是著名才子，曾赴英国留学，攻政治经济学。回国后考入宜昌海关。宦乡工

宦乡与《前线日报》

文，精通英语，善言谈交际，办事精明干练，富正义感。入《前线日报》工作后，即以其广博的学识和对时局的精辟见解，得到三战区司令长官顾祝同的信赖，不久升为副社长兼总编辑。盟军官员至战区联络、视察，顾祝同均请其随行翻译。在他的主持下，报纸面目焕然一新，发行量很快由7000份猛增至2万余份。宦乡坚持抗日、团结、进步的主张，写有大量宣传抗日和分析国内外军事、政治、经济形势的社论和专论。皖南事变后，他多方努力从上饶集中营监狱中救出一批共产党人和进步人士，并安排部分人士至报社担任要职。同时采取多种办法，增辟栏目，刊登进步作家作品，针砭时政，鞭笞贪官污吏，宣传抗日救亡主张。《前线日报》因此闻名于世。国民党特务几欲将其取而代之，终因宦乡学识渊博、善于外交而无法下手。

新中国成立后，宦乡进入外交部工作，被誉为我国资深外交家。李先念主席曾评价说："宦乡是我们党内少有的高级专家，有过不少重要的特殊贡献……宦乡是敢说真话的人，他从来不看别人的脸色说话。"

战地宣传先锋《抗宣通讯》

《抗宣通讯》约创办于民国28年（1939），为三战区抗日宣传队二队的工作通讯。

抗日战争期间，上饶县城的抗日宣传活动极为活跃，各种民办、官办的文艺队伍汇集一城，轮番登台，文艺气氛极为浓厚。在抗战最艰难的民国31年（1942）2月25日起，在饶的各演出团体，为鼓军民士气，举行了一周的戏剧公演，演出的剧目有宋之的的《雾重庆》，老舍的《面子问题》《残雾》，陈白尘的《大地回春》，马龙祥的《古城的怒吼》等。《前线日报》发表署名文章称："这次联合春季大公演，为国家总动员宣传周戏剧日，在我国东南可以说是盛况空前。"

民国27年（1938）秋，为配合各战区的抗日宣传，由军委会政治部第三厅（厅长郭沫若）组建的10个抗敌演剧队、4个抗敌宣传队和1个儿童剧团，经周恩来的部署被分到各个战区，开展对敌宣传工作。先后来饶演出的剧团有政治部第三厅所属的演剧二队、演剧五队、演剧七队、演剧十队，第三战区政工大队演剧队、战友剧团、新生剧团、战声剧团、东南青年剧社演剧队、朝鲜义勇队暨韩台剧团及上海市京剧团等。其中演剧二队又称抗宣二队，成立于民国27年（1938）8月16日，其基础是进步文艺团体，他们从武汉出发，行程万里，在湖北、湖南、江西、浙江的广大村镇进行抗战宣传，队员们在途中轮流记载抗战行军日记，为抗战文化留下了一批宝贵资料。民国28年（1939）春，抗宣二队从长沙撤退到上饶，参加了三战区的抗战宣传行列。

抗宣二队分设戏剧组、歌咏组、美术组、文字组、调查组和研究组等，经常深入前线，开展抗敌宣传和民众组训工作，是三战区积极宣传共同抗日的一支先锋队。队长何惧（何家麟，离休前任一机部副局长），书记舒仁岳（舒若，离休前任教育部司长），队副谢霈（谢筱洒，离休前任中共党史征委会副主任），队里有许多共产党员，建立了中共秘密党支部，到上饶后归东南局领导。为了配合工作，抗宣二队开始编印不定期刊物《抗宣通讯》，作为抗宣队战友和兄弟队相互通报工作的联系工具。主要报道抗敌宣传工作动态，交流工作经验，也刊登一些歌曲、文艺小品。内容生动活泼，印刷清楚，封面还套印红字。队员们踊跃投稿，自己刻印，参与编辑工作。通讯内容涉及各个方面，包括社会调查、时事分析、批判汪精卫投降派、报道抗战前线战事、改进宣传工作建议、反映部队状况和民众对抗战的情绪和看法等。通讯形式多种多样不拘一格，有调查报告、经验总结、散文、诗歌、日记以及纪念牺牲同志的文章等，并节衣缩食，挤出经费刻印抗日歌集。此外，抗宣二队还积极向地方报刊投稿，发表对抗战的看法，批判时弊，颂扬抗战精神。1940年10月9日的《东阳民报》上，抗宣二队队长何惧曾发表文章，题目是《当前的生财大道》，尖锐地批评了一些人乘国难之时、发国难之财的行为，主张"有钱出钱、有力出力"，全民帮助抗战。

皖南事变后，抗宣二队被分解改编，《抗宣通讯》出版四五十期后停刊。最后一期是原队长何惧（上海进步歌咏团体蚁社负责人）于民国31年（1942）4月个人刻印。抗宣二队被改编的第二年，他在重庆偶然从友人信中得知：原抗宣二队有3位同志在武夷山被反动派杀害，悲愤难抑，立即写了《给朋友们的信》作为终刊号，连夜刻印500份，寄给所有抗宣队员，愤怒声讨反动派的血腥罪行。

《抗宣通讯》存在的时间虽然仅仅几年，也并非正式出版刊物，但因其会聚了一群来自全国的青年积极分子和中共地下党员，整日活跃在抗战前线和民间基层，故而刊物内容带有鲜明的进步色彩，在三战区影响面较大。因而引起国民党特务的注意，一度软禁队长何惧，并将抗宣二队强迫解散。

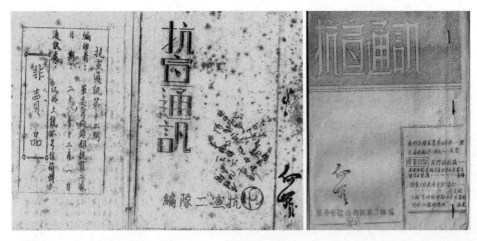

《抗宣通讯》第12期、24期、27期封面图，第12期上有通信地址：江西上饶二号信箱

何惧被营救出狱后，抗宣二队全体队员们赠送他的锦旗

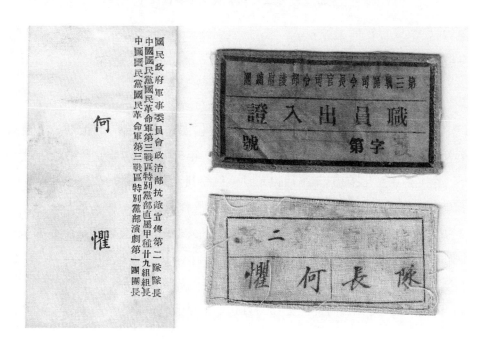

三战区抗宣二队队长何惧的名片和出入证

三战区抗宣二队部分队员（兼编辑）

官商合办的《民锋日报》

《民锋日报》，是由上饶所在地的第六行政区专员易希亮出面，联合上饶、玉山、广丰、铅山、横峰、弋阳、贵溪7县，官商合办的报纸。民国34年（1945）6月21日创刊，日出对开2版。次年5月16日扩版，日出对开4版，印发数8000份。民国38年（1949）5月4日终刊。5月3日被二野陈赓的4兵团接管，对原《民锋日报》人员进行培训安排工作。《民锋日报》社办公地点设在信州区金龙岗原市法院旁边小校场巷口东头（一说在文庙——今上饶军分区）。当年在上饶也算是一份大报。

《民锋日报》资金由国民党中央宣传部下拨1500万元（旧币），7个县每月各补津贴50万元，商贾捐资1500万元。报社最高机构为董事会，设董事15人，官、商各7人，第六行政区专员为董事长。名为官商出资合办，实则为上饶专员公署的机关报。首任社长蒋元勋，副社长兼总编辑洪道镛。副刊先后设有"人言""春雷""蜜蜂""牧野"等栏目，名作家张恨水、孙用、严独鹤、成绍宗、雷石榆、流沙河、李耕、彭荆风等人常为副刊撰稿。

《民锋日报》社曾经出过一名大作家。抗战结束时，17岁的彭荆风因家贫失学，由专员王正公介绍到上饶《民锋日报》做校对，并与其同学——流落上饶的进步青年诗人李耕来往密切。在彭荆风和李耕的影响下，上饶、鹰潭以及福建三明、邵武，浙江金华等地许多进步文学青年自发聚集在一起，创办"牧野文艺社"，开始文学创作。彭荆风向《民锋日报》社请求，每10天给他们一个约9000字版面来刊载"牧野文艺社"成员的作品，不要任何报酬。当时报社正愁人手不够，编不过来那几大版，便爽快答应了彭荆风的请求。"牧野文艺"由李耕组稿，彭荆风编发，同时还要撰稿。《民锋日报》出版文艺旬刊"牧野"十余期后，在赣闽浙边境青年中影响很大，一些潜伏于上饶一带的中共地下党员如俞百巍、韩维彩等人也用卢璟、石岚笔名寄来稿件。但因为发表了嘲讽国民党抓壮丁打内战的诗文，引起国民党特务的注意。碍于彭荆风父亲彭复苏（原任过鄱阳县、铅山县长）与专员王正公和省府主席熊式辉的交情，于是以"年少无知"为由从轻发落，被《民锋日报》社解职，牧野文艺社也被查封。1949年，彭荆风参加中国人民解放军，随军进军大西南，后成为著名军旅作家。

抗战期间的各种报刊

《信江潮》　月刊。创办于20世纪30年代初期，上饶旅沪学生杨大膺、鲍达等主编，何香凝为该刊题写刊名，内容以揭发军阀、土豪劣绅、贪官污吏罪行为主。创刊、终刊、出版期数不详。

《东南青年》　月刊。第三战区"三青团"团支部主办。六开本，出一卷六期。创刊、终刊时间不详。

《扫荡简报》　第三战区政治部第三科编辑的油印刊物，以摘录国内新闻和各地战讯，或转载其他资料为主。创刊、终刊时间不详。

《抗敌画刊》　第三战区政治部第三科主办，画家徐甫堡编辑。以刊登抗敌宣传画为主。创刊、终刊时间不详。

《东南妇女》　由第三战区新生活妇女工作队文化事业组主办，民国31年（1942）创刊，当年6月随三战区迁往福建。

《民族正气》 民国32年（1943）7月，第三战区党政军联席会报秘书处设民族正气出版社，出版《民族正气》刊物，以转载蒋介石的言论、三民主义理论专著和有关人员的反共文章为主。每期散发300至500份，共出18期，民国34年（1945）终刊。

《更新半月刊》 民国32年（1943），第三战区党政军联席会报秘书处出版，向被关押在上饶集中营的共产党人和进步人士灌输三民主义思想。停刊时间不详。

《前线周刊》 民国34年（1945）8月13日创刊，是第三战区机关刊物，以宣传抗日、宣传反共为主，同年10月1日迁往上海。

《新医报》 由第三战区军医处主办，创办于抗战期间，民国34年（1945）9月迁往上海。

《赣东民报》 国民政府江西省第六行政区主办。四开四版日报，民国25年（1936）创刊，民国33年（1944）春停刊。社长俞百发，总编辑徐镜寰，发行数量不详。

《上饶县施政简报》 上饶县政府机关报。民国34年（1945）1月创刊，民国35年（1946）3月停刊。半月报，八开二版。发行人王正公（据说官声十分廉洁）。以阐述政府法令，报道施政状况为主。

《正谊通讯》 由正谊通讯社主办，社址在小校场一号（信州区金龙岗一带）。四开二版，油印。以"发扬党义、宣达政令暨报道地方消息"为宗旨。民国24年（1935）10月创刊，停刊日期不详。发行人王庆旦。

《致远通讯》 致远通讯社主办。报社设在雷公庙15号。民国23年（1934）10月创刊。通讯社下设经理、编辑、采访3个部。周刊。发行数量和停刊日期不详。

注：本文部分数据参照《上饶县志（1993年）》等书籍。

上饶抗战时期的文学艺术

常 耕

一、上饶抗战的基本状况

1937年"卢沟桥"事变发生，日本发动了全面侵华的战争。

上饶的抗战也从这年开始。当战火还没有烧到境内，上饶及辖区各县便发起了抗敌后援工作，他们捐钱捐物，开展抗日宣传，慰劳抗日将士，有力地支援了前线斗争。经过烽火洗礼的闽浙赣根据地近3000名英勇红军统一整编为新四军，占到了新四军组建初期人数的近1/3，成为共产党领导下新四军队伍最大兵源。在艰苦卓绝的抗战中，新四军广大指战员前仆后继，英勇奋战，抗击了侵华日军总数的22%和伪军总数的30%。1939年9月，新四军驻赣办事处搬到了上饶城内水南街滩头村杨家府宅，成为中共在第三战区长官驻地的唯一公开组织，上饶人黄道担任办事处主任。新四军驻赣办事处事实上成为中共广泛联系各方面人士的重要窗口，先后为新四军和抗日根据地输送了大批军需物资和军政干部；接待了叶挺、袁国平、陈丕显等领导同志，为新四军的发展壮大做出了积极贡献。

1939年，国民党第三战区长官司令部迁至上饶，一时间名流名家云集，大批国际人士、国共两党政要、文化社会名流与抗日团体齐聚上饶。周恩来、蒋经国、顾祝同、黄绍竑、白崇禧、李承晚及共产国际和英美盟军代表等政要都在上饶从事抗日活动。老舍、张恨水、宦乡、曹聚仁、臧克家等文艺界人士和文化名流在上饶办报出刊，以文会友，当时在上饶的进步团体多达三四十个。在中国共产党领导的抗日民族统一战线旗帜下，他们写文章、画抗日宣传画、演抗日话剧、唱抗日歌曲，极大地鼓舞了人民群众的抗日信心。

《前线日报》是抗日战争时期国民党第三战区司令长官司令部的机关报，1938年10月在皖南屯溪创刊。同年12月，宦乡担任《前线日报》社副总编辑。1939年4月，《前线日报》随第三战区长官部从皖南屯溪迁至赣东北上饶。报社迁饶后，宦乡任副社长兼总编辑。之后，《前线日报》渐显特色，声誉鹊起，并有了极大发展。到1942年浙赣战役爆发前，《前线日报》的发行超出了第三战区所辖的闽浙赣苏皖五省范围，并扩展到湖南衡阳、广西桂林等地，发行量由初创时的7000份猛增到2万余份。

皖南事变后，信州城郊七峰岩寺庙成了囚禁国民党新四军军长叶挺、新四军第三纵队司令员张正坤等高级将领的监狱。蒋介石企图策反叶挺，提出只要叶挺发表一个"声明"，把"事变"的责任全部推到项英身上，就可以得到高官厚禄。叶挺虽然离开党组织10年，但他对共产主义的信仰没有改变，让前来劝降的顾祝同、上官云相等人丢尽颜面。他在狱中写下了"富贵不能淫，威武不能屈；正气压邪气，不变应万变；坐牢三个月，胜读十年书"的囚语，正是他对共产主义理想坚定不移、矢志不渝的真实写照。

1942年4月18日，美军16架B-25中型轰炸机在詹姆·杜立特中校的率领下，从太平洋的美军第十六特混舰队护航的"大黄蜂"号航空母舰起飞，轰炸了日本东京、横须贺、横滨、名古屋、神户市后，在中国浙江省衢州等地空军机场降落。这次突然轰炸引起日本朝野和本土陆、海军的极大震惊，他们感到本土安全的危机。为防止中、美空军利用中国浙江一带的机场对日本本土实施轰炸，他们决定摧毁中国浙赣铁路线两边的空军基地和前进机场。于是在4月21日，日军大本营下达"浙赣作战"的命令。

浙赣会战始于1942年夏季，日军为摧毁中国在浙江丽水、衢州、玉山附近机场群及其各种设施，打击国民军第三战区主力而发动的一场战争。主要由金华，兰溪地区战斗，衢州地区战斗，上饶，广丰地区战斗，浙赣路西段战斗，临川地区战斗，丽水，温州，松阳战斗，日军撤退时的追击战斗等组成。目的是摧毁浙赣两省中国军队机场，打通浙赣铁路。

上饶的抗战中，激战时间最长的一次是广丰五峰山之战。日军发动浙赣战役后，部分退守到广丰境内的国民党军队与日军展开了殊死的战斗。他们在十字垄、五峰山、乌岩山、大脚山、吉峰山等地，先后与进犯日军打了5仗，共歼敌900余人。1942年6月17日上午，日军约一个连占领了五峰山脚下的西塘，向五峰山发起3次试探性进攻，每次约一个排，均被打退。接着，日军又调来约一个团兵力，分五路向五峰山、毛坞岗、七都尖、石灰山大岗进攻，其主力则向白刀岗突击，各路同时打响。战斗持续两天，日军伤亡惨重。19日，日军改全面进攻为重点进攻，主力向白刀岗猛攻。白刀岗守军虽顽强抵抗，战至当日下午，伤亡严重，又因七都大桥被洪水冲塌，援兵难至，白刀岗失守。这次战斗，激战了三天三夜，歼敌400多人。

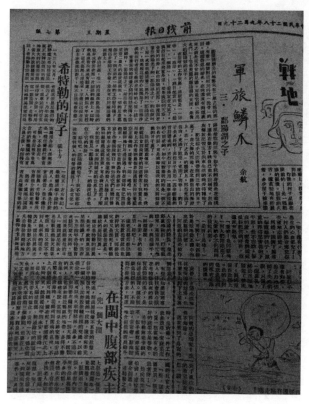

民国二十八年（1939）前线日报第七版"战地"

会战的最后结果是日军基本实现了预定目标，占领衢州机场，但遭到严重损失，第15师团师团长阵亡，日军战史记载伤亡1.7万人。此会战后，日军基本达到了"没收与破坏铁路设施和器材以及其他培养战力的各种军事、政治、经济设施和资材"、抢掠物资，并掳劫青壮年为劳工等"以战养战"的目的。

上饶沦陷后，面对日军的残酷暴行，上饶人民没有屈服，自发组织起来，以长矛、扁担、锄头作武器，始终坚持抗战、保卫家园。灵溪张家村农民张家玉等人，将进村作恶的日军用菜刀砍死；9名日军进犯余干楼下村，被农民用锄头、扁担全部打死；广丰县民众自发进行各种战斗392次，歼灭一批日军。横街农民抗日义勇队100多名村民多次英勇抗击日军，毙敌20多人等，这样的事迹在上饶比比皆是。上饶收复后，第26军军长丁治磐将军命令所属部队搜集日军尸体500余具，在上饶五桂山上筑"倭子坟"。体现出了上饶人民的人道主义精神，

二、上饶抗战文化的引领者

民国28年9月，《前线日报》刊载詹新《抗战中的上饶》一文中说："自今年5月间，《前线日报》由皖南迁此出版后，以内容的充实，颇得各界好评。它切实负起抗战宣传的责任，它领导着无数的军民走上抗战的大道。总之，上饶是在抗战中进步了。"[①]

引领上饶抗战文化的旗手是宦乡及其主编的《前线日报》。

《前线日报》创刊于1938年10月，3个月后，宦乡参与报社工作。1939年4月，报社随第三战区司令长官部从安徽屯溪迁来上饶，驻市郊荷叶街，宦乡任副社长兼总编辑。宦乡（1909—1989），字鑫毅，笔名范慧、范承祥，遵义老城人。祖父宦愚庸，清代遵义诗文家。父宦应清，贡生，长期供职武汉海关。宦乡幼年就读于武汉、上海，民国21年（1932年）于上海交通大学肄业。曾赴英国留学，攻政治经济学，回国后，考入宜昌海关。宦乡工文，善言谈交际，办事精明干练，富正义感。他坚持抗日、团结、进步的主张，写有大量宣传抗日和分析国内外军事、政治、经济形势的社论和专论。皖南事变后，多方努力从上饶集中营中救出一批共产党人进步人士，并安排部分人士至报社担任要职。同时采取多种办法，增辟栏目，刊登进步作家作品，针砭时政，宣传抗日救亡主张。《前线日报》因此著称于世。国民党特务欲取而代之，终因其学识渊博、精通英语、善于外交而无法下手。盟军官员至战区联络视察时，司令长官顾祝同都请其随行翻译。宦乡毕生从事国际政治和经济研究，

---

① 《前线日报》，民国28年9月19日第五版。

以思维敏捷、见解独到著称，被誉为我国资深外交家、杰出的国际问题专家和社会科学家。新中国成立后，经周恩来总理推荐到外交部工作，先后担任驻外大使，回国后任社科院副院长等职，"文革"中受到冲击。著有《苏联东方政策》《中日战争》《纵横世界》《纵横世界续集》和《宦乡文集》等专著。1983年，被摩洛哥王家学院聘为外国院士；1986年4月，被国际关系协会举为著名研究员，6月获英国格拉斯哥大学荣誉法学博士学位；次年，被选为英国伦敦经济政治学院荣誉院士。他在20世纪80年代提出当今国际社会处于"竞争—摩擦—协调，再摩擦—再协调"的时代，具有"一个世界，两种制度，政治多极，竞争共处"特点的见解，被世界有识之士称为中国近年有关国际格局的精辟概括。

宦乡在担任《前线日报》总编期间，开辟了"战地"文学周刊，发表了大量宣传民众，鼓舞士气，反对日本侵略的诗词歌赋、小说散文和漫画等作品，如连续登载张恨水的小说《天津卫》，连续登载郭绍虞的《孤岛漫谈》等。民国28年7月28日第五版发表了臧克家的诗歌《不教敌骑渡黄河》：

> 我们禁不住欢呼了出来：黄河啊，我的亲娘！你华夏的发源地，我们祖国的心脏。从我们祖宗的时代——你就养护我们，到如今五千多年了，你几曾受过敌人的污蔑？更几曾受过野狗的啮伤？但是，现在，敌人正饿狼似的扑向你，要来毁伤你了。为了保卫你，我们不惜拿出自己所有的力量。拼命地赶走敌人，为我们华夏的祖宗争光。

他还在《前线日报》开辟了"斥中日共同防共"专栏，组织文章揭露批判汪精卫卖国投降的嘴脸。如发表卢荫淦文章，开展对"近卫的亡华防共论与汪兆铭的投降防共论批判"。还报道了上饶各界代表开会声讨汪精卫的新闻，又发表黄膺钜《斥汪精卫》诗：

自古伊谁似此獠，兽心人面暗藏刀。一生长技营三窟，半点天良掷九霄。
盗得虚声偏自大，装成丑态却鸣高。奔驰南北胡为者，到底空嗟往返劳。
漫道文章昔有名，一生祸国实相成。才徒济恶还夸大，言本欺人反谓诚。
不惜卑躬朝北阙，竟甘屈膝拜东京。神奸自是无羞色，铁像千秋见定评。

第一诗用酣畅淋漓的语言尽情痛骂汪精卫的汉奸丑态，第二诗则全面揭露他在虚伪外表下的汉奸实质，表达了人民痛恨卖国贼的情绪，此诗在华东各地产生了重大影响。

又如民国28年（1939）8月9日登载期伟杂谈《随便谈谈》，"问中国人应当学谁？"文章引用了三段历史史料，来呼吁全国人民团结对敌，奋起抗战。

其一是汤阴岳庙大殿联：

都邑南迁，帝王北狩，痛靖康将相金主和戎，君侯四字矢精
忠，是大丈夫固宜若此。
武官怕死，文官要钱，叹河朔山川至今胡虏，故里千秋崇庙
貌，问中国人应当学谁？

其二是岳飞《送紫岩张先生北伐》诗：

号令风霆迅，天声动北陬。长驱渡河洛，直捣向燕幽。
马蹀阏氏血，旗枭可汗头。归来报明主，恢复旧神州。

其三是岳飞题《五岳祠盟记》：
以上三段史料均取自南宋岳飞抗金的历史，体现了极为强烈的民族情绪与爱国精神，用这段尽人皆知的历史来呼唤民众，参与抗战，具有极为震撼的精神力量。

抗战期间在上饶文化界的另一位重要人物是曹聚仁。
曹聚仁（1900—1972），浙江浦江墩头镇蒋畈村（今属兰溪梅江镇蒋畈

村）人。毕业于浙江第一师范。1922年到上海，任教于爱国女中、暨南大学、复旦大学等校。曾主编《涛声》《芒种》等杂志。1937年淞沪抗战爆发，曹聚仁"脱下长袍，穿起短装，奔赴战场"，开始"书生有笔日如刀"的战地记者生活。由于他对淞沪战场出色的现场报道，不久被国民党中央通讯社聘为战地特派记者。曾首次报道台儿庄大捷和向海外报道皖南事变真相，声名鹊起。抗战期间，他以"战地特派记者"的身份，巡游了东线战场江西、福建、浙江等地，曾担任《前线日报》主笔，驻于上饶。写下了大量的新闻报道、人物通讯和战地杂感，分别在《东南日报》、《前线日报》、《大刚报》、《立报》（香港）、《星岛日报》（香港）等报刊登载，部分内容甚至编入战时教科书。1939年，在皖南相识叶挺、陈毅将军。抗战胜利后，在上海各大学任教，拒台留陆迎接解放。

曹聚仁发表在《前线日报》的文章

作为《前线日报》的主笔，曹聚仁在该报发表了很多重要的文章。如民国28年9月10日第三版《敌军的化学兵》，对日军化学兵实施细菌战的编制、性能、危害与防护等内容都作了详细的分析介绍，这对于指导对日作战，具有重要的指导意义。

曹聚仁把鲁迅、周作人周氏兄弟视为知己，与周氏兄弟同时保持着数十年的亲密关系。周作人解放后在海外发表文章、出版著作，多由曹聚仁催生，在《新晚报》、《南洋商报》（新加坡）连载，最后结集出版。《鲁迅全集》中《书信》编就收了鲁迅致曹聚仁的二十五封半信。曹聚仁与周作人的往来书信多达300余封，后来香港南天书业公司出版了《周曹通信集》（第一辑、第二辑）。钱理群在《曹聚仁与周作人》一文中所说："或许'曹聚仁与周氏兄弟的关系'将给人们提供一个理解曹聚仁思想、学术以及性格的复杂性与丰富性的极好视角。"

鲁迅逝世时，曹聚仁集鲁迅诗意写成挽联：

> 文苑苦萧条，一卒彷徨独荷戟；
>
> 高丘今寂寞，芳荃零落痛余香。

至今，上饶的收藏家还保留了曹聚仁写给鲁迅的诗《山阴道中杂诗》：

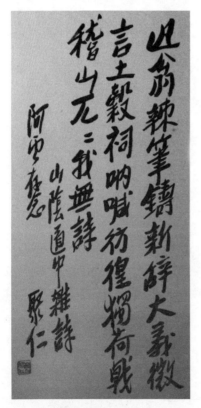

曹聚仁赠鲁迅的诗词

迅翁辣笔铸新辞，大义微言土谷祠。

呐喊彷徨独荷戟，稽山兀兀我无诗。

这首诗高度概括地肯定了鲁迅杂文及小说的精神力量。首二句开门见山，说鲁迅先生用辛辣的笔触创作了新辞，他用微言大义的笔法，创作了《阿Q正传》，阿Q上无片瓦，下无寸土，孤苦伶仃，寄住在土谷祠里，靠给人家打短工维持生计。小说以辛亥革命前后的未庄为历史舞台，以主人公阿Q的活动为线索，以批判阿Q的病态心理精神胜利法为重点来组织材料。阿Q这个形象，既具有鲜明的个性特征，又具有深刻的典型意义。他是辛亥革命时期农村生活的一面镜子，是旧中国劳动人民的奴隶生活的深刻写照，也是中国近代民族被压迫历史的缩影。三、四两句说，鲁迅的著作《呐喊》《彷徨》像战戟、像投枪，充满着战斗的力量。稽山是绍兴境内的名山，即鲁迅的家乡，这里代指鲁迅。"兀兀"是高耸矗立的样子。末句说鲁迅先生像一座高耸矗立的大山，在他面前，我岂敢言诗呵！

三、上饶的抗战宣传

在宦乡的主持下，《前线日报》开辟了"战地"副刊，刊登了大量的抗战诗文、小说、漫画等文学作品，为宣传抗战发挥了积极作用。

（1）为抗战呐喊，鼓励全民参与抗战。如民国39年9月14日第七版登载铁夫《筑路者的歌》：

> 叮叮的铁锤是音乐，挥动我们力的臂膀。高唱我们自由底歌。
> 不怕敌人的轰炸，同志们，别忘了大众的委托！
> 拼着这伟大生命呼吸的时候，我们整日整夜地工作，工作。
> 为着我们祖国的脉搏。
> 叮叮的铁锤是音乐，挥动我们力的臂膀。高唱我们自由底歌。

抗战是一条艰难曲折的路，修筑这条大路，需要全国人民共同努力。具有同样内容的还有梁石舒的诗《你，光明的开拓者》：

> 脱下旧衣，把戎装换上，这是人生的划时代，这是历史的大转弯。
> 炮火点起，你心头的火，民族魂在呼唤你，阳光把你的戎装绷起。
> 几万里的路程在等候你，热情的春风，把你吹向东北方，那里就是你用武之地。
> 你将要撕开敌人的毒心，你将要以一滴一滴的血，造出一条民族的生路。
> 明天，胜利的黎明，你将有一大聚餐，痛吃敌人的血肉。
> 啊！啊！你光明的开拓者。

这些诗都具有很明确的抗战宣传目的，也具有打动人心的力量。

（2）公开歌颂红军抗战，表现知识阶层对共产党的向往。民国28年8月17日，《前线日报》第七版发表了林庚白的诗《呜呼吾安往兮》：

呜呼吾安往兮吾其前，中华健儿在幽燕。

亦在两河三晋百粤江淮之山川，游击神勇万众传。

红军死绥谁则怜？黄旅子弟拔帜先。矫捷师旅数川滇，红军能以正为偏……

我欲从之心茫然。用短杀贼非所贤，口说差堪逐少年。不然飞书草檄宣，我为健儿歌一篇。

我为健儿广播铙歌于大千，摩崖我有笔如椽，临流顾影犹翩翩。

微恨鬓脚二毛骈，平生飞腾欲生天。前乎前乎奈何淹市廛，不闻炮火闻管弦！

西安事变后，蒋介石不得不接受张学良的“兵谏”，国共合作，共同抗战。红军改编为八路军，红军游击队改编为新四军，中国的抗战进入新的阶段。诗中的“中华健儿”暗指共产党领导下的抗日军民。“以正为偏”则指共产党的军队被改编一事。这首诗对国共两党的抗战做了客观的描述，对红军的抵死抗敌给予热情歌颂。同时写出了诗人自己的彷徨与徘徊，表达国内知识阶层希望参与抗战而有所选择的心态。

（3）揭露抗战大势下国民党政治的腐败。尽管蒋介石也曾经发表过慷慨激昂的抗战演讲，说“如果战端一开，那就是地无分南北，人无分老幼，无论何人，皆有守土抗战之责任，皆抱定牺牲一切之决心。我们只有牺牲到底，抗战到底，惟有牺牲的决心，才能博得最后的胜利”（庐山发表的著名演说和《对卢沟桥事件之严正声明》）。然而在骨子里，他始终记挂着排挤共产党，记挂着排挤异己。如蒋百里先生的遭遇便是一例，《前线日报》发表了丁昌文的

《忆蒋百里先生》一文。

> 一代智多星，海内外闻名。论坛尊祭酒，兵学称或星。
> 年仅过半百，竟殁于征程。不知因何故，未能典一军。
> 参议与顾问，顶戴几终身。幸逢蒋总裁，青眼识先生。
> 命之主军学，教战立功勋。遂作国防论，壮语照古今。
> ……即说日本鬼，与我相为邻。
> 文教几吐哺，今亦想侵吞。……又作《日本人》，
> 娓娓叙敌情，有如剖野兽，刀刀见精深。举国争传诵，
> 寰宇咸蜚声。精神所感召，抗战血水生。国士齐用命，
> 国民更勤奋。如此好基础，倭寇将何存？太息思先生，
> 不复观其成。

蒋百里（1882—1938），民国时期著名的军事学家，国民党高级军事顾问、陆军上将，是把近代西方先进军事理论系统地介绍到中国来的第一人。年轻时留学日本。光绪卅一年（1905）在日本陆军士官学校步科第十三期毕业班毕业，轻松夺魁，在所有日本毕业生面前把代表第一名的日本天皇佩剑带走。当时，他与蔡锷、张孝准被称为"中国三杰"。

蒋百里与蒋介石同是浙江人，但不同族。蒋百里早年追随梁启超，矢志推翻袁世凯。他曾做过保定军校的校长，蒋介石是保定军校的学生（非同时），有师生之名分。但后为蒋介石的幕僚，"西安事变"时曾劝蒋介石接受张学良的抗日主张。由此，蒋介石和蒋百里的矛盾渐大，蒋介石曾想暗杀蒋百里，因蒋百里的名声和影响力太大而没敢动手。1938年，蒋百里任陆军大学代理校长，在迁校途中操劳过度，病逝于广西宜山，年仅57岁。

蒋百里是国民政府对日作战计划的主要设计者。其代表作《国防论》成为整个第二次世界大战中中国军队的战略指导依据，作为中国抗战国防战略的重要基础，为鼓励民族士气，抗击日本侵略者的民族解放战争做出了不可磨灭的贡献。他脚踏实地，对日本的社会、军事、政治各方面进行充分的研究，结合对中国的充分了解，完成专业的对日作战方略，著《国防论》。如果

说毛泽东回答了"中国能不能打赢日本"这个难题，那么蒋百里就是回答"中国怎样能打赢日本"这个题目。这样的军事奇才，正生当其时，本可发挥其才学，为抗战事业大奏其功。却可惜"未能典一军"，一辈子只做"参谋与顾问"，没有机会指挥一场战争，终老在教学岗位。诗中说"幸逢蒋总裁，青眼识先生"，接下来却说"命之主军学，教战立功勋"，分明有背后的讽刺意义：以蒋百里的资历、声望和水平而言，让他担任国军的最高军事长官，在一线指挥作战有何不可？却只是让他在后方担任军校的校长。他创著的《国防论》和《日本人》都是脚踏实地的研究之作，具有指导抗战的实践性意义。如果让蒋百里善居其位，"倭寇将何存？"如今他去世了，我们只能"太息思先生，不复观其成"了。士生其时而不得其用，是个人的悲哀还是社会的悲哀呢？

（4）记载了上饶当地人民参与抗战的事实。

《前线日报》既驻扎在上饶，因而对本地区抗战情况的记载报道，便是很自然的事。我们从这些当时的记载，可以清楚地了解到上饶军民抗战中的文化生活。 民国28年（1939）7月9日，报道了上饶的抗日义卖运动。8月2日，在敌机疯狂轰炸上饶时，报道了上饶各界定期举行追悼被炸殉难同胞大会之事。8月3日，发表王啸秋文章《战时的河口》写道，"因为浙赣铁路贯通，河口一度成为'世外桃源'，外来难民也很多，炸后的河口，有如新大陆被人发现了一样。河口沿岸的船只不下一百余，上通上饶、铅山，下航弋阳、贵溪，每天都有一次通船，叫码头船。河口的民众受抗战的影响，现在大都觉悟起来，在炮火中滋长。"9月1日，报道了第三战区《演剧五队在沙溪》，他们一方面在镇上演出，高唱救亡歌曲；一方面到后方医院，为受伤的官兵写家

《前线日报》登载的漫画

信。晚上，在汽油灯下演出话剧《吉夕》《汉奸家庭》，刻画了汉奸的无耻与敌人的残暴，激发了观众的情感。9月8日，就"敌机去后上饶的繁荣问题""论战区的教育问题"在报上开展了专题讨论。9月11日，登载了上饶八都镇周芳先写给他弟弟，勉励他在前线奋勇杀敌的信。9月12日，报道了上饶各界代表开会，通电游行，声讨汪精卫卖国投降罪行。同日，发表了印泉的"战地特稿"《老鼠洞人语》，记载他在上饶水南街居住时，频繁躲避敌机轰炸之事。又在《战地》周刊发表了张恨水的《我与上饶》，写到他随祖父出入军营、过信江浮桥等往事。9月19日，"本埠通讯"发表了詹新的《抗战中的上饶》，较全面地介绍了抗战时期上饶的军事、政治、经济、文化等。

四、上饶抗战文化的丰富性和多样性

上饶的抗战文学并不止于《前线日报》，也并不止于诗歌，它具有丰富性和多样性，体现在不同的作者群体，不同的文学形式，表现不同的思想情感，自然也具有不同的社会价值。国共合作共同抗战的实现，使抗战文学的根本目的走向了同一。但同样是抗日军队，新四军却遭到了国民党军队的袭击，在皖南事变中，新四军军长叶挺和弹尽粮绝被俘的新四军排以上干部，还有部分从东南各省地方抓来的共产党员和其他爱国进步人士，共700余人，被关押到上饶"第三战区长官司令部集训总队"和"特别训练班"里。被押的革命者如果不被软化，就要被强迫从事苦工劳动，遭受饥饿和毒刑的折磨，其野蛮程度，惨不忍睹，大批革命者被迫害致死。1942年6月，日本侵略军攻占上饶城。国民党反动派对上饶集中营中的新四军战士进行了血腥大屠杀，剩下的转移到福建的徐市。

在一年多的时间里，革命志士在这里展开了艰苦卓绝、英勇悲壮的抗争，谱写了一曲曲气贯长虹的无产阶级正气歌，揭开了上饶抗战文化光辉灿烂的一页。

集中营的政训是从精神上折磨人，军训则是从肉体上折磨人。集中营的刑罚名目繁多，甚为残酷。常用刑法有金木水火土"五行"，即金针刺、木棍打、灌辣椒水、烧红的铁板烙、土中活埋，还有冬天脱光衣服站在室外让寒风吹的风刑、铁丝笼、逼吞跳蚤虱子、绳索绑勒项颈、饭菜里放毒药，等等，不一而足，惨无人道。在上饶集中营里被敌特杀害和折磨致死的革命志士达200余人。就在这种残酷的刑罚中，茅家岭狱中革命烈士抵死抗争，不屈不挠，用生命和鲜血写下了《一月的雪花》《重建好河山》等慷慨豪迈的诗篇：

> 一月的雪花，飞遍了皖南，雪花掩盖着同志的鲜血。
> 为了进入敌后去抗战，我们曾顽强地战斗不歇。
> 被俘到如今，已过了一年，我们天天在痛苦中熬煎。
> 为了反抗法西斯强盗，我们不怕那无情的皮鞭。
> 皓月照九州，光芒透栅栏，有朝风云起，杀敌保河山。
> 烽火遍九州，青年遭摧残，有朝除无道，重建好河山。
> 寒光照饶州，缧绁信江南，壮志永不消，意气贯灵山。

在狱中，他们没有笔墨和纸张，就用瓦片写在墙上。没有署名，没有作者，都是狱中同志的共同创作，反映狱中战友共同的心声。

> 浪迹天涯忆旧游，故人生死各千秋，已摈忧患寻常事，留得豪情做楚囚。
> 浩气永长存，丹心照万古。生前未了事，留于后人补。
> 肉刑折磨何所惧，数日还原又斗争。
> 头可断，血可流，革命意志不可摧。

1941年，曾任"左联"党团书记，中共上海文化工作委员会书记的冯雪峰在上海被捕，也被关押到上饶。冯雪峰当时正患严重的肋膜炎，疮口化脓。他克制着疼痛，整天支靠在茅家岭监狱的破桌边，写出了歌颂革命斗争的《灵山歌》《普洛美修士片段》《米色的鹿》《荒野的曙光》和《黎明》等50余首诗，这是被囚禁于上饶集中营时秘密写下的抒情诗集。这些在"灰暗的日子"里写下的诗稿，和当时的狱中难友赖少其为诗稿所配作的一些插画，曾秘密送往上饶，由地下党员保管，惜因局势动荡而散失。1943年，冯雪峰被营救出狱，来到重庆，便将遗留下的部分诗稿整理付梓，结集为《真实之歌》出版。该集由38首长短抒情诗组成，其中的17首诗后又被选编成诗集《灵山歌》，于1946年在上海出版。

如今，这些诗词已成为上饶集中营宝贵的历史财富。其中的《云山歌》一诗，是因怀念这座灵山曾发生过的历史悲剧而作的。"云山"即上饶县灵山，是上饶的镇山。诗人在该诗注中说："云山是有名的山，和我病室遥遥相对，其雄伟挺拔之美，令人神往。相传为太平军久驻之地而其残部亦在这里最后被歼。"诗作借歌唱云山的悲剧审美特征，表达了他对先辈的崇敬和哀悼，歌颂了先辈不屈的牺牲精神。

《普洛美修士片段》是一首借歌颂悲剧英雄来赞美抗日志士的短诗。几千年来，普洛美修士作为一个不畏强暴、勇于牺牲的叛逆者的形象，长期受到人们的敬仰。诗以直抒胸臆的手法，赞美普洛美修士忍耐不屈的精神，勇敢顽强的天性，对暴君宙斯野蛮行径的愤慨，并以辛辣的口吻嘲讽诅咒了这个象征着权力和暴虐的"神像"，表达了对旧世界主宰者的"恶德和卑怯"的鄙薄。

冯雪峰还热情地歌颂了为理想奋斗的牺牲者。《米色的鹿》一文写的就是一位为追求光明前途和春天，而倒毙在寒冬荒野雪地上的牺牲者。诗人不但描绘了牺牲者含笑死去的安然神态，而且特地设置了一个洁净的环境来映衬死者的崇高，寄托自己的哀思。这不正是诗人对当时为了追求民族解放胜利而英勇牺牲的烈士们所表达的崇敬之意吗？这不也是对那些正在遭受虐杀、酷刑、苦役、饥饿、疾病和种种精神摧残的志士仁人们所给予的巨大的精神鼓励吗？

上饶抗战文学的丰富多彩，还体现在作者的不同身份。有人说，民国将军多才，这里应当提到一位抗战将军黄绍竑。黄绍竑是著名爱国将领，国民革命军第三战区副总司令。

1937年7月抗日战争全面爆发后，黄绍竑受命为军委第一部长，主管作战计划与作战命令。黄绍竑毅然肩负起了这个责任，受命后，数日之内便完成机构组建，并拟出了初期对日作战的计划。后转战山西，在娘子关，黄绍

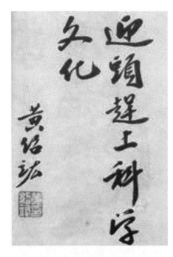

黄绍竑题字

当代经纶手早称学海遊
济川开远略平淮仗多猷
偕老笄珈美今朝甲子周
新春宜酌酒作健颂添筹

剑霞吾兄 六旬华诞

顾祝同敬贺

顾祝同贺友人寿诞

竑指挥孙方鲁、冯钦哉、曾万钟、刘伯承的部队及特务团等共万人与日军展开激烈战斗。阎锡山在太原与黄绍竑、卫立煌、傅作义商讨忻口战役作战部署，周恩来应邀出席会议。会上，黄绍竑与周恩来就山西作战计划交换了意见。这年10月中下旬，周恩来、朱德、彭德怀来到黄绍竑的驻地寿阳县半月村会见黄绍竑，对东线的作战提出了许多建议。

新中国成立后，黄绍竑历任政务院政务委员、全国人大常委会委员、政协全国委员会委员。1949年加入民革，历任民革第三届中央常委，第四届中央委员。1966年8月31日，受"四人帮"迫害致死，终年70岁。

黄绍竑不但精通军事，也长于中国文学。平时爱好赋诗填词。他奉命参加国共谈判时，曾填《好事近》一首以述心怀：[1]

翘首睇天长，人定淡烟笼碧，待晓一弦新月。问几时圆得？昨小睡梦江南，野火烧寒食；幸有一帆风送，报燕云消息。北国花正开，已是江南花落，剩有江南红杏，客里愁寂寞。此时为着这冤家，误了寻春约；但祝东君仔细，莫任多漂泊。

词中"北国花正开"是指中国人民抗日和解放战争的胜利，"江南红杏"是自指。

他欢迎李宗仁海外归来，并劝未归的同好，曾填《西江月》：

五十年前友好，重洋万里归来。亲友故旧笑颜开，喜见声明实在。

祖国昌隆强盛，光明永照天涯。投明自以早为佳，莫再羁留海外。

作为第三战区总司令长官，顾祝同没有抗日之功，多有内战之耗，善迹乏陈。但这并不影响他的诗文书法造诣修成，这位活到94岁的高寿将军，能诗能文，书法功底非常深厚。楷书写得极其沉稳华美，一笔好颜体，血肉丰满，筋骨韧坚，堪称民国将军书法最优者。战争年代，他的书样飘逸。到晚年，书风渐变为醇厚安逸，不事张扬。早年将军气，晚年仁厚慈。顾祝同晚年以书法养身，排除世纷干扰，专致养生。

据介绍，晚年顾祝同亦有心事，他执笔写字，总要面向大陆，每每搁笔，总要沉思良久，不言无语。身边人都知道：他思乡心切，同于常人。征战一生而无力，年迈终老思故乡。顾祝同终究没有机会再踏足故乡，唯有书法寄乡愁。

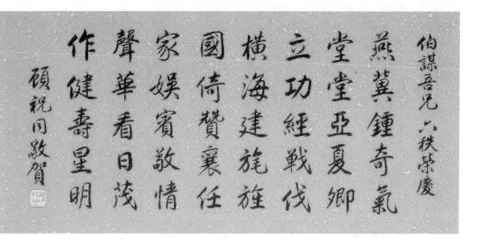

《伯谋吾兄六秩荣庆》

又有《剑霞吾兄六秩华诞》：

当代经纶手，早称学海游。济川开远略，平准仗多。偕老笄珈美，今朝甲子周。新春宜酌酒，作健颂添寿。

在上饶抗战文化中，还有一个可以作为反面教材的人物，即汉奸江亢虎。

江亢虎（1883—1954），出生于江西弋阳一个仕宦之家，民国时期著名的文化学者和政治人物，中国社会党创始人。他是中国无政府主义的鼻祖，但却是中国社会主义研究的第一人，美国作家、记者埃德加·斯诺《西行漫记》里提到，毛泽东表示自己是读了江亢虎的书后，才慢慢了解社会主义的。江亢虎曾蒙孙中山先生赏识，却又卖身投靠日本侵略者，以文化大汉奸的身份终其一生，最终被钉在历史的耻辱柱上。

江亢虎颇有才气，著作颇丰，其中以1934年所著描写台湾事物的《台游追记》最为出名。江亢虎主要著作和文集有《洪水集》《缚虎记》《新俄游记》《台游追记》《南洋巡回记》《天宪管窥》《中国近代元首印象记》《中国社会改革》《江亢虎文存初编》《江亢虎最近言论集》《江亢虎博士演讲录》等。

1945年4月，日本人大势已去，江亢虎感觉严惩汉奸的风暴即将来临，便潜往北京隐居。当年10月，国民党军统局在北京将江亢虎捕获。1946年初，军统局将江亢虎从北京移押至南京，与大汉奸周佛海、陈公博等人一同关押在老虎桥中央监狱。国民政府于1946年11月以汉奸罪判处江亢虎无期徒刑，江亢虎不服，两次提出上诉，均被最高法院驳回。上海解放前夕，江亢虎被移押到上海提篮桥监狱，直至1954年12月7日病逝狱中。

在南京老虎桥监狱，江亢虎接受了一批狱友的礼遇，一些愿学之士拜他为师，他便给他们讲授《论语》《孟子》。后最高法院驳回上诉，维持原判，江须服刑离开，狱友便请刘亚文画一图赠别。此图今存上海博物馆。图上方有汪时璟的题款"生公说法顽石点头"，随后是周作人的题跋，而后是刘亚文题款：

> 康瓠先生蓄道德能文章，偶因国事受系虎牢几一年矣。同舍五六十人半皆青年愿学之士，延先生上坐，从而受学。先生见其诚也，定期每星期讲授《论语》《孟子》而次谆谆开示，不闻晦明，咫尺幽居，恍然邹鲁。迩者最高法院裁定颁来，先生以原判不日下狱执行，将与同人分袂。同人等感念因缘，痛伤聚散，属亚夫为图以记始末，并呈先生留为异日佳话，因作此以献。想先生见之，当亦

莞尔笑也。丁亥三月十二日刘亚文谨画并识。

这首题款介绍了事情发生经过。按："丁亥"应当是1947年，在上海提篮桥监狱。

而江亢虎的题签则是一首短诗：

> 石兮石兮，补天所遗。我将下拜，以兄呼之。它山之助，攻钻之资。我心未转，次道如斯。丁亥七夕亢虎摩展。

如图所绘，是一块巨石居中，下交叉两支竹子，其上是一棵树。江亢虎乃就石而论，引《诗经·小雅·鹤鸣》"他山之石，可以攻玉"为意，意思是别的山上面的石头，能够用来琢磨玉器。比喻能帮助自己改正缺点或错误，显然有悔过之意。末两句大概意思是说，我的想法还没有转过来，见此图乃有所悟。

以上就仅有的资料，对上饶抗战时期的文学艺术作了初步介绍，不敢说完全，也不敢称系统，仅作为抛砖引玉，以就教于方家。

上饶：张恨水崇武爱国思想的植根之地

汲 军

一

张恨水（1895—1967），1895年5月18日出生于广信府治西大街（位于上饶老城南门与西门之间），他出生后仅仅两个时辰，张家又接到喜报：他的祖父张开甲被清朝廷提升为二品顶戴"参将"。这一天，张家双喜临门。张开甲当即高兴地为这个小孙子取名为"芳贵"，希望他今后会是一个大贵之人；字号为"心远"，意为志存高远。

张恨水是我国著名的小说家，被尊为现代文学史上的"章回小说大家"和"通俗文学大师"第一人。他的笔名很多，最初用的是"愁花恨水生"，其他有：哀梨、哀、梨、并剪、旧燕、藏稗楼主、画卒、崇公道、於戏、半瓶、逐客、报人、不平、我、油、大雨、杏痕等。最常用笔名"恨水"，是他1914年给汉口一小报投稿时取的，采南唐后主李煜词《相见欢》（又名《乌夜啼》）中"自是人生长恨水长东"句截取"恨水"二字，意思是勉励自己珍惜光阴，不让时间如水一样白白流逝。

张恨水在中国现代文学史上至今还被称为"鸳鸯蝴蝶派的代表人物"，这是因为他最为著名的作品《春明外史》《金粉世家》《啼笑因缘》都是写悲喜交加的爱情。尤其是《金粉世家》经常被学者拿来与《红楼梦》相比，据胡风回忆，当年鲁迅特意寄给母亲看《啼笑因缘》，还开玩笑说："我的版税就是这样用掉的……"其后各色人等所作"续啼笑因缘""新啼笑因缘""反啼笑因缘"一类的书达十余种。老舍先生生前曾评价张恨水为国内唯一妇孺皆知的老作家，可见社会影响之深远。他一生创作120多部小说，总字数达3000多万字，其中绝大多数是中、长篇章回小说。他把中国传统的章回体小说与西洋小说的新技法融为一体，语言风格古典与现代相通，雅俗共赏。其作品风行于华人世界，文学史上把他看作是20世纪通俗文学的经典巨匠。

　　其实用"鸳鸯蝴蝶派"来称张恨水所有的作品是不客观的，至少是不全面或以偏概全的。因为张恨水在抗战时期写了不少抗战作品。"九一八"事变初，张恨水因为早前的《春明外史》《金粉世家》早已名动京城，日本特务头目土肥原，也曾慕名求赠题签，并企图通过各种方法，拉拢张恨水等一批知名人士融入所谓"大东亚共荣圈"。但张恨水不为所动，毅然背井离乡，别妻离子，只身来到战时陪都重庆，加入抗日的大潮中，他以笔为刀枪，写以抗战为题材的小说、散文。他写了著名的抗战三部曲，第一部《热血之花》是迄今发现的最早抗日小说。它作于1932年"一·二八"事变后的北平，开拓了爱国谍战题材的先河。第二部为《大江东去》，讲述1937年12月1日，日军下达进攻南京的作战令，南京保卫战打响，该战役由唐生智任南京卫戌司令长官。我守城将士先后在光华门、雨花台、中华门等地殊死抵抗，战斗极其惨烈。12月13日，南京沦陷，日军大肆屠城，30多万同胞惨遭杀戮。这是第一部描写南京大屠杀日军暴行的作品。第三部是《虎贲万岁》，讲述 1943 年秋，日军为掠夺战略物资和牵制中国军队反攻滇缅，在华北方面出动了大量兵力，进逼常德。代号"虎贲"的国民党七十四军五十七师誓死保卫常德，8000名勇士"以一敌八"，与日军浴血巷战，坚守16昼夜，死伤殆尽。全师上至师长下至普通士兵，同仇敌忾，将生死置之度外，涌现出了诸多可歌可泣的英雄人物和英雄事迹，从外围作战到逐节瓦解敌人的攻势，全师官兵怀必死之心，让日军每前进一步都付出血的代价。作品完全以真实史料和战争亲历者口述为基础创作，书中从师长到伙夫全是真名实事，时间、地点等与战史完全吻合。他还写了《怒吼吧，八路军》，描述了共产党敌后游击战。张恨水在重庆坚守8年，写下了洋洋800万言的作品，被誉为"中国抗战文学第一人""笔尖上的英雄"。

　　张恨水为什么能在国难当头时，毅然放弃了原来所写的誉满天下的缠绵凄恻的才子佳人的动人故事，而写奋勇爱国、浴血奋战的抗战小说？我们看到张恨水身上有股"英雄气概",而这股英雄气概最初的产生就在上饶。

二

张恨水的《我与上饶》刊登在民国28年（1939）9月12日的《前线日报》第七版"战地"副刊上。全文如下：

我与上饶

不久以前,《战地》发表一文,叙恨水与上饶事,误先祖父为先父焉。颇拟修函剑兄更正,旋以他故,遂忘之。今提笔为《战地》写稿,又思及之矣,请约略言其事。

先祖父讳上字开,下字甲,随曾国藩作战十余年,得红顶花翎三品衔。故以非湘人,不得提携,终身坎坷。而公又赋性落落,不奔走王公之门,直至光绪三十年后,其盟兄子爵黄某过赣,见其贫而怜之,为言于督抚,乃一带景德镇保安军,转任广信府参将,时公六十有三矣。予本非长孙,惟随先父讳钰,从先祖宦游,公酷爱之。阅操出巡,骑舆同乘。尝与先祖同乘一肩舆祀关庙,轿前旌旗招展,剑戟罗列,侍卫鸣锣呵道。途人鹄立目送之。私语曰：轿中一小儿,张大人孙也。归,先父切谏,为国家典制,不得为孺子所乱。黎民肃立致敬,小儿尤无此福。先祖父笑而止之。然出衙仍必携之与俱,改与先父同骑,随之后乘而已。每出郊,常过一横跨河面之浮桥。儿时以经桥为奇,顾上饶之桥于予印象极深也。先父以将门之子,习武,善骑,能持丈八矛,遂有"小张飞"之号。（时先父二十七八岁）在上饶曾代先祖父出征土匪二次,皆捷。一次受同营招待,率从骑十余下乡观剧,予又与盛会。归已黑夜,途遇大雨,先父攫鞍以衣履余,狂驰二十里回署。先祖父闻之,大惊,即索视爱孙,见予神色自若,大笑抚予背曰：张某之孙,当无阿斗。自是爱予更甚。令予署中骑老羊,习弓箭,日以为课。明年先祖将调河口协镇,未至而卒。先父弃武就文,予亦入蒙学,至今遂成一穷措大,当年豪气无复存者，真愧对上饶昔日街头观我坐轿父老也。

中国积弱之因，虽其道甚多，而社会重文轻武，乃为主因。百年来，虽为将门之子，亦多弃长殳大戟而握毛锥子，可概其余矣。叙予家乘既竟，颇有所感，容他日详言之。

因为是在报刊上，文章不长，通篇读来就是两个字"崇武"。张恨水的祖父张开甲是一员武将，自幼练得一身好武艺，曾在曾国藩的部队以军功得红顶花翎三品衔，因为不是湖南人，又不会蝇营狗苟，所以不得提升。一直到光绪三十年后（1904），才因盟兄的举荐得到广信府参将的职位。当时祖父63岁，而张恨水已经9岁了。祖父经常阅操出行，对麾下的兵马抓紧训练。而张恨水的父亲也因为是将门之后，也习武、善骑，能舞动丈八长矛，所以号称"小张飞"，他曾代父出征剿匪，也立有战功。在这样的家庭里，张恨水耳濡目染的都是崇武精神，两代武将也对幼小的张恨水都自觉与不自觉地进行了崇武教育。祖父自幼对张恨水进行的教育，如祖父骑马阅操出巡时，就让张恨水同乘，还让他以老羊代马练骑术，习弓箭，日以为课。父亲的练武与丈八长矛，张恨水印象深刻。而有两件事让张恨水没齿难忘：一是祭祀武圣关公的场面。清代在信州城中官兵操练的小校场的后面，建有武圣关帝的庙宇。祖父每年都要带领部下举行祭祀礼，场面十分隆重："轿前旌旗招展，剑戟罗列，侍卫鸣锣呵道。途人鹄立目送之。"张恨水就与祖父同乘一顶轿子接受信州百姓的注目礼。而百姓认出了轿中的张将军之孙，认为将军之业后继有人，这让张恨水有荣耀之感。而另一件事也让张恨水印象深刻：父亲率部下下乡观剧，不料大雨倾盆，父亲用衣服覆盖幼小的张恨水，紧抓马鞍，一路狂奔20余里。而看到若无其事的孙子时，祖父的一句话让张恨水牢牢记住了："张某之孙，当无阿斗。"祖父认定孙子是武学之才，不会做丢失江山的扶不起的刘阿斗。这两件事让张恨水记住了祖父的厚望与信州百姓的期待。

而张恨水最终弃武从文，是在国难当头的时候，张恨水因此羞愧，他认为自己不能像祖父、父亲那样上阵杀敌立战功、保家卫国，而只能用笔做武器。笔不比长殳大戟，真刀真枪，可以御敌。张恨水形容笔为"毛锥子"，将自己自嘲为"穷措大"，就可以读出他的深深负疚感，所以觉得自己"当年豪气无复存者，真愧对上饶昔日街头观我坐轿父老也"。最后他分析中国积弱的主因，就是因为武学后继无人，连像自己这样的将门之后也弃武从文。他的分析虽然简单但也很有道理。

三

张恨水的文章发表在《前线日报》上，《前线日报》是抗日战争时期国民党第三战区司令长官司令部的机关报，1938年10月在皖南屯溪创刊。同年12月，由进步的知识分子宦乡担任《前线日报》社副总编辑。1939年4月，《前线日报》跟随第三战区长官司令部从屯溪迁至赣东北的上饶，报社就由宦乡任副社长兼总编辑。在宦乡的主持下，《前线日报》开辟了"战地"副刊，刊登了大量的抗战诗文、小说、漫画等文学作品，为宣传抗战发挥了积极作用。很多著名的文学艺术家也纷纷为《前线日报》撰文投稿，《前线日报》成为抗战中著名的报纸。而1939年的《前线日报》报社就在离水南不远的荷叶街。当时的上饶市抗战的热土是第三战区长官司令部的所在地，第三战区辖区为苏（南）沪浙闽和赣省赣江鄱阳湖以东地区，是东南五省的抗战指挥中心。

张恨水的文章在信州引起了很大的反响。张恨水也很重视《前线日报》，将他的中篇抗战小说《天津卫》在《前线日报》上连载。《天津卫》是1938年张恨水来到重庆时，应老朋友《时事新报》副刊主编张慧剑的约请，给该副刊写的一部中篇小说。他是根据四弟牧野在天津的亲身经历创作的，开始命名为《冲锋》，1940年接受张慧剑的建议，将小说改名为《天津卫》。天津卫既是天津的别称，也指保卫天津，是"以双关的意义来笼罩一切"。1941年由重庆新民报社出版单行本时，他"得到了许多游击队的消息，又鉴于后方豪门的生活，令人愤慨"，就在书的首尾各增写一章，易名为《巷战之夜》。

《天津卫》是以天津将要沦陷和日军飞机轰炸城区为背景展开的，通过送别妻儿、观察形势、日军轰炸、月下劳军、拼死肉搏、百姓觉醒等情节，塑造了具有不同典型意义的人物形象。这部作品的主要人物张竟存是一位教书先生，他在天津四周"连天空在内，全有日本武力包围着"的时候，眼见日军的飞机飞到居民区上空投弹轰炸，并且低空飞行用机枪扫射街上无处躲避的无辜平民，敌机之多"仿佛在半空里排着走马灯似的"；后果之惨"不上五十步路，死尸和受伤的，一个挨一个躺着，就塞满了马路"，燃烧的民房，使"人在一里路外，都觉火焰炙人"。张竟存在惨案发生的当夜到街上观察形势，见到了守在街垒后面的军人，就回家组织街坊邻居给他们送饭、送菜和绿豆汤。恰在这时，他们竟遇上了进入城区的日军士兵而无法回家，于是他们就拿起了大刀、锄头和铁锹，同守军一起与日军展开了一场激烈的巷战。最后他们取得27个人毙敌49人的赫赫战果。这场战斗不仅锻炼了人们的胆量，而且更加激发了老百姓的斗志。后来张竟存到大别山参加了游击队，并当上了支队长，为纪念巷战发生一周年，他带领游击队回到天津，偷袭了日本侵略军的某一据点。在战前动员时他说："在去年今夜以前，我还是个教书先生，不解得打架，更不解得杀人。自从去年今夜在天津五马路上巷战之后，我换了一个人，锻炼出了我全身的气力，也锻炼出了我全副的胆量。"可见残酷的战争使张竟存从一个教书育人的文人转变为一名保家卫国的武士。

从这位聪明智慧、富于爱国心和正义感、敢于牺牲、能够团结老百姓抗击侵略者的大无畏的英雄身上，我们看到张恨水的内心希望。这位投笔从戎的书生，是张恨水所希望的自己，他用这样一位弃文从武的抗战志士的故事，登载在上饶的《前线日报》上，想用这种文学的方式告慰在抗战中浴血奋战的上饶父老，自己的心里依旧是那位骑在高头大马上的张大人之孙，依旧是将门英雄之后，依旧血气方刚，自己永远记得上饶父老期待的目光，他用自己笔下的英雄来激励上饶父老的抗战。如果要寻找张恨水英雄情结的根源，追溯到最早的时期，一个就是他出生的信州上饶，是他的先祖先父的崇武精神，是上饶这片经历过多次战争的热土，有着英雄崇拜的上饶传统与上饶父老乡亲，这一些最早植根于张恨水幼小的心灵中，而体现在他抗战文学的血脉中。

在《前线日报》上连载的《天津卫》，是张恨水"抗战小说"中无论是在技巧上还是思想内容上都比较成熟，连载后引起很大的反响。这部作品不仅激励了上饶读者，也激励了东南五省、天津人民乃至全国人民同仇敌忾的抗战热情。

张恨水并不是当年豪气无复存者，在上饶所根植的崇武爱国的英雄情结，最终也成就了他，他也成了英雄，是中国文学史上抗战文学中不可多得的"笔尖上的英雄"。

青年时代的张恨水　　　　　　　张恨水公园塑像

张恨水公园雕塑

　　为纪念中国著名作家张恨水，2012年经信州区政府批准建造了张恨水公园。公园位于信州区三江片区，东起红海外滩，西至杨家湖湿地公园，南起仕铨路，北至杨家湖。全长约2.5千米，是综合性公园与带状公园相结合的滨水绿地。公园以张恨水人物、作品等内容雕像为主脉，城市与水景相交融，集休闲、健身、观光等为一体的滨水核心景观带。

（作者简介：汲军，上饶师院教授，上饶市抗战文化研究会常务副会长）

信州抗战版画

——烽火下的刀痕墨迹

刘 晶

中国传统木刻（刻书）历史悠久，自唐宋以来从未间断，至近代以来，鲁迅所倡导的新兴版画运动成为中国版画发展的新高峰，中国现代版画是随"左"翼文艺运用的兴起而诞生的新画种。创作型版画不是中国自然生成的，是鲁迅先生于20世纪二三十年代由国外引进推广的，创作型版画不同于中国传统版画，由于它的骤然兴起区别于传统的复制版画，所以称之为"新兴版画运动"，它与民族命运和社会斗争紧密联系，形成一发不可收拾的运动之势，且在30年代，党所领导的左翼文艺运动中，木刻就成为左翼美术主要代表。

中国人民抗日战争时期是中华民族精神最为旺盛时期，特别是在抗战初期，在全国抗日救亡的热潮下，新兴版画迅速在中国大地铺展开，木刻成为抗日宣传鼓动的一支重要力量。在民族危亡之际艺术家们表现出强烈的民族凝聚力和艺术创造力，彰显出强化民族脊梁的作用，这种现象在古今中外历史上是罕见的。中国抗日战争的历史是人类历史长卷中最为重要的篇章，处处闪耀着版画家们的刀痕墨迹。

1937年"七七"事变，日军侵占华北、华东大片领土，发动全面的侵华战争，全民族抗战由此开始。"为抗日而献身"也是所有版画家一致行动的口号，他们无一例外地全身心投入，他们不只是木刻家，同时也是抗日战士。

鲁迅的心血没有白费，经过版画滥觞期的锤炼，青年版画家经过短短几年的摸索自悟，技巧和创作能力得到了提高，版画队伍的扩大犹如条条小溪汇入到中华民族抗日斗争的大洪流中去。

新兴木刻版画运动，早期主要活动在上海、浙江两地，随着社会动乱与局势的加深，大量的文化人士及艺术工作者撤退避难于南方地区，抗战宣传活动高涨，作为抗战宣传利剑的木刻版画繁荣起来，新兴木刻版画运动在西南大后方的重庆、桂林和陕甘宁边区的延安展开并成为中心，其他地区有浙江丽水、福建建瓯、江西赣州等。地处抗战前线的赣南、赣西、赣东北一带曾汇集不少全国著名的版画家，如罗清桢、荒烟、余白墅、黄永玉、章西厓等，活跃在一线的江西版画家有柯克、严卢、可谷等，他们以刀代笔宣传抗战，形成了江西版画的火种。江西作为中国革命的摇篮，亦是新兴版画发展的重要地区之一，从"八一"南昌起义、湘赣秋收起义、井冈山革命根据地、闽浙赣苏区的建立等由此产生的红色文化为人熟知。抗战初期围绕着江西发生的大事件，为后来抗战文化版画创作给予极大的创作动力、奋斗力量和精神鼓舞。

信州以其特殊的地理位置和时代背景成为抗战时期江西最重要的版画家聚集地，当地蓬勃发展的版画运动与一大批优秀版画家创作了大量具有地方性特色的作品，既有在抗日战争中起到极大作用的宣传、批判、讽刺等现实题材作品，也有体现着本地区特有的风情与习俗的创作。这些作品无论是从版画的形式美感，地域性风情，都有较高的研究价值。对于信州抗战美术运动归纳起来主要分为两个方面：一方面是抗战时期的信州版画团体及实践和当地创办的主要刊物和展览；另一方面是以版画家个体实践为主，特别是抗战期间入饶的版画家及信州本土的版画家群体。

漫宣队和漫木合作作为抗战时期信州主要的版画团体。漫宣队全称"上海市各界抗敌后援会宣传委员会、漫画界救亡协会漫画宣传队第一队"，1937年8月成立于上海。初期为8人，后发展至近20人。领队叶浅予，副领队张乐平，代领队特伟。成员先后有胡考、梁白波、宣文杰、张仃、陆志庠、陶谋基、陶今也、廖冰兄、叶冈、席与群、黄茅、麦非、廖末林、章西厓、周令钊等。工作重心是：一、分途使各地民众明了抗战救亡的意义。二、鼓动前线将士杀敌情绪。三、唤起并组织各地漫画界负起同样使命。同年9月从上海出发，10月抵达武汉，在周恩来、郭沫若领导的政治部第三厅下工作。1938年6月，由张乐平率领一个分队赴皖南一带城乡和战地进行抗日宣传，举办漫画流动展览。1938年秋，两队于长沙会合后，同赴桂林，其间曾在南京、武汉等地举办大型"抗敌漫画展览会"，在武汉编印《战斗漫画》旬刊和《抗战漫画》半月刊（共出版12期）。在桂林期间举办大型"抗敌漫画巡回展览"。除画墙头漫画外，又开办"漫画研究班""战时绘画训练班"和"漫画与木刻讲座"。为了扩大抗日宣传，该队一分为二。一队由张乐平领队，在皖南、赣东活动，绘制大幅宣传画、连环画在各地巡回展览，经常举办"战地速写画展"，并参加《前线日报》"星期漫画"的编辑工作。不久被迫解散。1940年初，由特伟率领的一队至重庆，坚持抗战救国宣传，并续出《抗战漫画》第十三、十四、十五期后因停发经费而"化整为零"。1941年皖南事变后，宣布解散。其中张乐平、特伟、章西厓、廖冰兄、麦非等重要成员因任务需要入饶，并有过相应的创作经历。

1939年3月，第三战区司令长官部的所属机关陆续由屯溪迁上饶，徐甫堡随第三战区政治部第三科迁上饶，主编《抗敌画刊》；廖冰兄亦随第三战区由屯溪迁上饶。1939年春，抗日漫画宣传队接到通知，被要求借调到第三战区工作，张乐平、特伟、麦非、叶冈、余所亚、陆志庠、陶谋基等漫宣队员奔赴上饶，和先期在上饶的廖冰兄会合，队部驻汪家园。不久廖冰兄离开上饶的漫画宣传队，回到由于武汉沦陷而撤到桂林的漫画宣传队队本部。6月，张乐平由上饶出发到宁波及浙西天目山一带办流动展览。10月，赖少其到达皖南参加新四军，主编《抗敌画报》，改用木刻印刷。张乐平回到上饶，此

抗日漫画宣传队部分成员

时抗日漫画宣传队有章西厓、麦非等人。11月20日，张乐平、万湜思、项荒途、金逢孙等联络华中、华南的作家和美术青年，在金华组织刀与笔社，并创办《刀与笔》月刊，主要发表木刻、漫画作品。是年，福建永安改进出版社创办，后在上饶设置代理处，该社所办杂志《战时木刻画报》在上饶销售。冬，殷梦萍、江企英等发起，在上饶成立了东线文艺社，并着手创办社刊《东线文艺》，并发信给在重庆、皖南、广东梅县、福建龙岩、浙江丽水等地的作家和木刻家，约他们为《东线文艺》提供稿件。

漫宣队在宣传途中

1939年漫画宣传队部分队员（右起：张乐平、宣文杰、特伟、麦非、叶浅予、陆志庠、黄茅、陶谋基、叶冈）

张乐平画墙头漫画　　　　　特伟（右二）在讲解《骄傲的将军》

（1956年）的角色设计中

特伟《全民抗战》

廖冰兄《抗战必胜》　　　　　章西厓　木刻《拾荒》

章西厓　木刻　《憩》

　　另一个团体漫木合作，是木刻与漫画结合在一起的艺术社团，抗战漫画运动与抗战木刻运动在共同的抗日救亡目标下结合起来，取长补短、相互促进，共同为抗战做出了贡献。如革艺漫画木刻研究社（上海）、苏中漫画木刻会（江苏）、抗战漫木宣传队（广东）等。以漫画、木刻合作方式出版的刊物也很多，如在桂林出版的《工作与学习　漫画与木刻》《漫画与木刻》《漫木旬刊》等。抗战伊始，如何以艺术的形式宣传抗战是摆在每个艺术家面前的任务。其时漫画与版画社团的宣传形式除了以上提到的出版刊物外，还有组织宣传队、举办画展、出版画集等宣传方式。抗战时期的木刻与漫画社团活动轰轰烈烈，经历了八年血与火的抗战洗礼，愈显生机，更焕风采，它以形象生动的艺术语言记录了抗日战争"那段充满战火与硝烟、痛苦与喜悦、牺牲与胜利的历史"。反映了抗战时期深重的民族危机和民众同仇敌忾的抗日救亡精神，有力地配合了抗日战争的顺利发展，在中国文艺史上和抗战史上写下了光辉的一页。

　　上饶县抗战中的木合社和木函班也是重要的版画团体。1929年8月17日是木合社诞生之日，浙江省木刻用品供给合作社之创立，在中国合作事业范畴里可以说是独树一帜，也是使中国新兴艺术运动设计生产部门的第一步。

木合社炉工间　　　　　　　　　　　木合社工人在装配刀具

　　木合社肩负着"推动艺术发扬合作"的双重任务，屹立在庄严的时代面前，在"运用艺术的力量宣扬合作，通过合作组织扩大艺术运动"两句明确的口号下艰难的向前进展。1942年4月1日，野夫撰文《十六个月来的木合社》发表于《新蜀报》副刊《半月木刻》第10期。

木函班从浙江"战时木刻研究社"所办的"第一期木刻函授班"创始，浙江举办不久，湖南、重庆各地也先后以同样的方式办起来，以函授方式把木刻研究班办好，实属不易，基于绘画的基础，需从一个人的理论修养技术磨炼，生活实践中陶冶出来。开展木函班亦有习得的经验：学导不可分，面对困难坚韧的意志力，虚心接受外界批评求得作品满意，开展工作实事求是，不夸张，不空喊口号。

木函班暑期绘画专修社合照

抗战期间上饶创办的主要刊物和版画展览：徐甫堡主编的《抗敌画刊》。版画团队《抗日漫画宣传队》（漫木合作）。殷梦萍、江企英等发起创办东线文艺社，创办社刊《东线文艺》，创刊号开辟了《东线筝声》，殷梦萍与朱吉民合作编辑了《怒火文艺》。《战时木刻报》在上饶销售。1940年7月7日，成立中华全国木刻界抗敌协会东南分会。1939年4月，《前线日报》迁址上饶。1940年12月，《前线日报》开辟了木刻与漫画的园地，名为"星期漫画"，每周出刊一期。《前线日报》的双周刊《版画专页》创刊，由徐甫堡任主编，作为中华全国木刻界抗敌协会东南分会会刊，《前线日报》的副刊"星期漫画"第三十二期改名"星画"。

1941年1月4日，皖南事变爆发，赖少其、邵宇被捕，被押往上饶集中营。夏子颐木刻版画《武装的渔民》在《前线日报》副刊"战地"发表。4月，江西省立上饶民众教育馆举办美术展览，展出徐甫堡、章西厓等人木刻版画。

汪占非木刻作品《纪念左联五作家》

1941年9月10日，全国合作社物品供销处东南分处、浙江省木刻用品供给合作社从浙江丽水云和县迁上饶应家坊，改名为东南木刻用品供给合作社。1942年2月1日，野夫在上饶乡间为他的《木刻手册》写《再版增订后记》。2月15日，《前线日报》的"版画专页"旧第十六期改名为"版画艺术"。2月，野夫潜回乐清，并帮助从上饶集中营越狱的赖少其和邵宇前往苏北根据地。余白墅离开玉山去福建南平。平野随"常山第三临时中学内迁队"经玉山、上饶、铅山、福建建瓯、南平、沙县抵达永安。1943年，中国木刻用品合作工厂在铅山（今永平镇）、河口设发行站，销售各种木刻刀、木板、木刻箱、磨石、砂纸、油墨、印刷用纸等，并兼供应美术书报及用品等。

另一个就是因抗战环境及宣传工作的需要，有部分版画家从各地迁移到赣东北上饶，与本地的文艺工作者一道继续从事抗战版画的创作与宣传。这些人主要有余白墅、汪占非、张眺、卢鸿基、陆田、徐甫堡、赖少其、邵宇、林夫等人。

其中余白墅是在1936年受到鲁迅先

1940年底，汪占非为前方鲁艺学校《鲁艺校刊》设计并刻印的封面

汪占非《迫害》（1933年）

生倡导的新兴木刻运动的影响，就习木刻，得到版画家陈烟桥、罗清桢的指导。为推动木刻运动，1939年在宁波与依黎等组织木刻研究会，主编《救亡木刻》期刊。与漫画家张鸿飞合作抗日漫画集《怒潮》。1941年在上饶玉山任日醒中学美术教师。其次是汪占非（1911—2013），他直接参与到上饶抗战版画的创作中，同时他也是上饶贵溪人，与当时入饶的其他一八艺社的成员共同成为当时抗战版画的重要部分。在1931年为纪念2月7日被国民党政府杀害的李伟森、柔石、胡也频、冯铿、殷夫5位革命作家，汪占非创作了木刻作品《纪念柔石等》（也有称《五死者》或《纪念左联五作家》等），该作品后为鲁迅先生收藏，并被收入《鲁迅藏中国现代木刻选集》。

另一个刚刚提到的就是张眺（1901—1933），至今没有找到他确切的版画作品，但他是"左翼作家联盟"负责人之一，是抗战时期苏区版画文艺创作的主要支持者。据相关史料考证，1929年初，他在上海未接上组织关系，遂往杭州，考入西湖艺术院。在与党失去联系的情况下，他以非凡的组织才能，带领于海、刘风斯、李可染等大批进步青年，组建了"泼播社""一八艺社"等进步团体，使西湖艺术院一度成为杭州市进步思想传播的重要基地。1931年，他参与了"左翼作家联盟""左翼美术家联盟"的党内领导工作。冬，担任了"美联"的党团书记。1932年初，担任江苏省文委书记，7月接替冯雪峰任"左联"党团书记。1933年1月，张眺被中共中央派往赣东北苏区，于2月经杭州、安徽屯溪进入赣东北苏区。3月18日，闽浙赣省第二次工农代表大会在葛源召开，张眺被选为主席团成员及闽浙赣省苏维埃政府文化教育部长。冬，闽浙赣苏区在王明左倾路线影响下，大搞肃反扩大化，张眺被错杀于葛源附近。在这之后卢鸿基（1910—1985）于1937年11月随国立艺专西迁，经上饶至贵溪龙虎山临时校址，并在此与汪占非会晤。到了1938年5月，陆田随"中国邮电工会劳工宣传队"由浙江金华到上饶作流动宣传工作。抗战后流亡江西、湖南一带，开始自学木刻。在湖南主编《诗与木刻》半月刊，因工作需要，他以抗战诗歌为题材创作了大量版画作品。表现妇女们在战争年代为生活所迫，参加繁重体力劳动的情景，前景的那位妇女，背部是两三岁的婴儿，前边还要抬起几十斤的大木箱（见下图）。

陆田《宜山妇女》

张眺照片及作品

卢鸿基 刊物封面刊登《等待着敌人》　　　卢鸿基《朗诵者》（1938年）

　　1940年3月1日，《东线文艺》创刊号在上饶出版。插页刊登了徐甫堡、野夫的木刻作品；创刊号开辟了《东线笳声》，发表了郭沫若、野夫给编者的信。殷梦萍与朱吉民还合作编辑了《怒火文艺》（后方版）亦在上饶出版，内刊有罗清桢、荒烟等人的木刻。5月，在上饶的徐甫堡、麦非、章西厓和浙江金华的金逢孙、万湜思、项荒途等人倡议，并和福建朱鸣冈、朱一雄等取得联系，决定成立中华全国木刻界抗敌协会东南分会。7月7日，中华全国木刻界抗敌协会东南分会在上饶成立，并举办了"'七七'抗战三周年木刻流动展览会"。章西厓被推选为理事和木函班导师，柳遵韩、夏子颐、葛克俭等均是当时学员。8月3日，《前线日报》的双周刊《版画专页》创刊，经常投稿者有章西厓、邵克萍、耳氏、陈沙兵等。10月间，林夫从温州押解至上饶，囚禁于上饶集中营茅家岭监狱大禁闭室。

徐甫堡《反攻》

徐甫堡

1941年1月，皖南事变爆发，赖少其、邵宇被捕，被押往上饶集中营。夏子颐木刻版画《武装的渔民》在《前线日报》副刊"战地"发表。1月15日，汪占非为《鲁迅艺术学校校刊》设计封面，封面为套色木刻作品。2月，章西厓、麦非离开抗日漫画宣传队到第三战区政治部工作。3月18日，巴黎公社纪念日，张乐平与冯雏音在玉山结为伉俪。3月19日，杨隆生木刻版画《春礼劳军》在《前线日报》副刊"战地"发表。3月，林夫从茅家岭监狱转押至周田村，编在上饶集中营"特别训练班学员中队"第一区队。4月，江西省

赖少其版画（1939年）木刻色彩
《抗战门神》35cm×24.5cm

立上饶民众教育馆举办美术展览，展出徐甫堡、章西厓等人木刻版画。5月18日，《前线日报》的副刊"星画"，因东南一隅战争频繁，报社制版材料困难被迫停刊。夏，邵克萍由浙江来上饶，到上饶后创作了反对迷信，主张科学医病的木刻《来归啊！》，在《前线日报》上发表，后受聘于江西省上饶第六中心卫生院，担任卫生宣传工作。7月，野夫受全国合作社物品供销处东南分处差调上饶，得当时合联处处长陈仲明先生帮助，在上饶近郊觅贷房屋。在张乐平的不懈努力下抗日漫画宣传队改隶第三战区政治部，获得办队经费，张乐平重组队伍，仍任队长，叶冈归队，新队员叶苗入队。抗日漫画宣传队参加了第三战区政治部组织的文化设计委员会的工作，开办了漫画训练班，张乐平还负责《士兵之友》《兵与民》刊物的编印。10月，叶冈、叶苗离开抗日漫画宣传队，第三战区把丁深调入漫画宣传队。11月1日，野夫撰写《东南工作通讯》刊发于《新蜀报》副刊《半月木刻》。11月，野夫与时任

《新华日报》副刊《木刻阵线》主编王琦取得联系，并在该刊发表作品。王琦还为成立中国木刻研究会事宜征求野夫意见。12月6日，赖少其、邵宇从上饶集中营（石塘）成功越狱。12月，徐甫堡受到政治上的压力，被《前线日报》遣散而失业，《版画专页》停刊，文艺界人士亦纷纷撤离上饶。是年，由第三战区战地宣传委员会主持，章西厓与麦非筹办，在江西省立上饶民众教育馆举办版画展览会，获得很大的社会反响，荒烟的《末一颗子弹》和梁永泰、刘仑等的作品获得优秀奖评和奖金。《音乐与美术》1941年第二卷第六期载《木刻界消息》：浙江省美工协会与省木刻用品供给合作社主办之"铁笔画流动展览会"已转道江西上饶，继在浙赣路沿线作长时间之流动，因江西交通比较方便，故先从那边展览后再回浙江，而后转道福建。章西厓的木刻、漫画集《火与力》由上饶战地图书出版社出版，封面为章西厓的装饰木刻侧面自画像。

赖少其《民族的呼声》（1940 年）10.6cm×17cm

赖少其版画《饿》（1935 年）12.8cm×22cm

　　1942年1月3日，中国木刻研究会在重庆中苏文化协会二楼成立，替代被迫停止活动的中华全国木刻界抗敌协会，野夫当选为理事。1月15日，野夫木刻作品《流浪儿》刊登于《合作先锋》总第二十五期封底。1月16日，野夫与李桦、卢鸿基、王琦、丁正献、刘铁华、陈烟桥、张漾兮等250位木刻工作者共同署名的《中国木刻工作者致苏联木刻家书》发表于《新蜀报》副刊《半月木刻》第6期。春，抗日漫画宣传队因经费严重缺乏而解散。张乐平

邵宇《开会》木版（1942 年）

得到野夫等开办"木合社"的支持，其主编的抗战画刊《大同漫画》和抗战生活集《万象集》作为《新艺丛书》之一种得以出版。5月10日，徐甫堡的《石版画——石版画之制作过程补充》、杨涵版画《阿Q插图》、鸿流版画《山中

（游击生活实录）》刊载于《前线日报》副刊《版画艺术》。6月17日，林夫参加了第六中队在赤石举行的集体大暴动。6月19日，林夫于赤石附近之虎山庙侧山坡上被敌人枪杀。夏，日军进攻浙赣线，上饶失陷，野夫带领东南木刻用品供给合作社工作人员经铅山撤退到福建崇安县赤石镇；10月3日，《前线日报》的《版画艺术》改名为双周副刊《版画》，由"木合社"主编，内容结合理论研究、通讯报道、教习批评等，并丌辟了一个"木刻病院"专栏，每期选出一幅木刻作品进行分析。

林夫《冲！》（木刻）1937年

　　是年，野夫创作木刻版画《流浪儿童》《轰炸声中》（又名《炸弹爆裂的时候》）《抢运物资（粮食）》。

林夫《奋力》（砖刻）1938年

林夫《全国抗战》（木刻）1938年

林夫《押解革命者》（木刻）1939 年　　　林夫《伏击》（木刻·原寸）1938 年

1943年 3 月，"中华全国木刻函授班"正式开学，吴俊发入木函班学习。

11月，江西省立上饶民众教育馆举办博览会，于第四室陈列木刻版画。

12月，因《前线日报》改变编辑方针，《版画》副刊停办。是年，

野夫套色版画（1930 年）18.6cm×20.4cm

吴俊发创作木刻版画《照泥鳅》。1944年，吴俊发创作木刻版画《渡口》《切芋丝》《过桥》。

1945年，麦非在上饶举行画展，部分作品为版画。吴俊发被聘为中国《木合》艺运通讯员。吴俊发创作木刻版画《建筑》《暮春》。

吴俊发《照泥鳅》（1943年）9cm×7cm　　　吴俊发《问道于盲》（1943年）9cm×7cm

吴俊发《渡口》（1944年）9cm×11cm　吴俊发《田间》（1944年）　7cm×8cm

吴俊发《暮春》（1945年）7cm×13cm

吴俊发《建筑》（1945年）9cm×7cm　　吴俊发《街头》（1945年）9cm×8cm

1945年8月，日本帝国主义无条件投降，第二次世界大战结束，世界历史翻开了新的篇章。灾难深重的中华民族从日军铁蹄下摆脱出来，版画在抗日救亡运动中起到了动员抗日、鼓舞士气、打击敌人的重要作用。抗战版画是抗战文化与抗战美术的重要组成部分，对于繁荣社会主义文艺及培育践行社会主义有重要的历史与现实意义。对抗战时期上饶版画的研究，也对上饶地区版画艺术创作的继承与发展、文化建设、革命精神传承与发展有着重大推动作用。

（作者简介：刘晶，上饶美术馆助理馆员，上饶市美术家协会副秘书长）

集中营里的"更新剧团"

余积善

为迎合国共合作抗战大局需要，国民党统治区也开展了各种抗战文化活动。国民党第三战区长官司令部所在地——上饶城区的抗战文化活动也很活跃，如组织演唱抗战歌曲，演出抗战戏剧等比较普遍。皖南事变后，国民党监管人员对被囚在上饶集中营的新四军官兵和从地方上搜捕来的进步人士，采取高压政策和怀柔政策同时进行，除了允许进行一些抗战文化宣传，还通过所谓管训，向被囚革命志士灌输其反动思想。但革命志士们则利用成立的文化组织对此进行了针锋相对的斗争。当时，集中营里发生的"更新剧团"的斗争就是一件令人振奋的大事。

将计就计　为我所用

上饶集中营里被囚的革命志士中有不少文化水平高、文艺能力强的人才，为了对外混淆视听，显示集中营是个"军训机关"，炫耀"训练成绩"，对内麻痹被囚革命志士的斗志，1941年9月中旬，集中营监管人员在原来每月月底举行一次"国民月会"（蒋介石"新生活运动"中的一个重要活动）的基础上，从集中营各中队挑选了会唱歌、演戏，有文艺才能的20多名革命志士，成立了一个专业剧团，美其名曰"更新剧团"（同时还成立了一个"更新球队"）。当时，有的同志认为参加剧团就是为反动派效劳，主张硬顶不参加。但大多数同志认为，只要坚持原则，参加剧团是可以的。如果坚持不参加，在当时情况下，显然对我们不利，于是决定参加进去。为了正确指导剧团工作，当时在剧团中建立了由邵宇（原在新四军政治部工作）和肖车（1940年12月参加新四军）负责的秘密党支部，并明确规定，必须做到在任何情况下，不演反动戏，专演抗日进步戏，利用剧团宣传抗日救国的道理。平时还要广泛收集有关情报，使剧团为我们所用。与此同时，还向集中营监管人员提出：剧团里所有编剧、导演、舞台布景等都由"学员"负责（当时被囚人员都被称为"学员"），要给每个演员安排琢磨"表演艺术"的时间，允许演员不出操、不上课，并允许演员蓄头发（当时被囚的男同志都是剃光头的）。集中营监管人员对文艺专业一窍不通，为了能把演出搞好，只好答应这些条件。

严密组织　宣传抗日

剧团正式成立后，临时党支部立即对演员进行分工，落实确定剧本、布景设计、导演、指挥等人员。随后负责确定剧本的邵宇和负责布景设计、道具制作的赖少其（原新四军三支队五团政治处宣教股长）等3人确定了3个抗日题材的剧本，一是邵荃麟写的《麒麟寨》，二是阳翰笙写的《前夜》，三是延安鲁艺集体创作的《农村曲》，并先后进行排练和演出（之后还排演了阳翰笙写的《塞上风云》等抗日剧本）。最先演出的《麒麟寨》，台下的观众很多，绝大部分是被囚的革命志士，也有集中营的宪兵、特务等监管人员。"观摩席"上集中营的总管张超坐在第一排正中。台上抗日志士英勇抗敌的形象激励着台下革命志士的心，博得台下观众的热烈掌声，演出大获成功，打响了第一炮。接着演出了《前夜》和《农村曲》，都获得了圆满成功，被当时三战区的《前线日报》称之为"东南第一"。剧团成立后，一直坚持演出抗日进步名剧，得到群众的广泛好评。

精心安排　越狱抗日

被囚志士当初同意参加剧团，除了积极宣传抗日，并利用出外演出的机会，与外界取得联系，把集中营的内幕揭露出去。同时还要利用一切有利条件，寻找有利时机，越狱归队。因剧团演出越演越好，一个多月后，即1941年10月初，更新剧团奉命赴铅山永平、石塘公演，当时在上饶城取得冠军的"更新球队"也一同前往。因监管人员内部有矛盾，故意制造赖少其要利用外出公演的机会与难友一起逃跑的假象，把赖少其送往茅家岭监狱，关进了铁丝笼。为了尽快救出赖少其，剧团秘密党支部负责同志立即找监管人员说理，明确指出，赖少其对外出公演的准备工作一直是积极参加的，他不可能逃跑，这是有人故意制造事端。监管人员说可换人搞布景设计，剧团负责同志坚决不同意，说只有赖少其的布景搞得好，没有谁能代替他。经过据理力争，监管人员只好把赖少其从茅家岭监狱放了出来搞布景，同年12月初与剧团人员一起到铅山公演。永平演出结束后就到石塘演出，当时剧团分析，如果整个演出结束回周田监狱后，赖少其肯定会受到更加严酷的迫害，因此必须抓紧时间在演出结束前安排赖少其越狱。剧团负责同志一到石塘镇后就查看地形，认为这里对越狱很有利，决定由邵宇陪同赖少其一起越狱（因赖少其当时在监狱受刑放出不久，身体很虚弱）。于是在石塘正式演出前，剧团抓住观众拥挤混乱的有利时机，按原订计划，让邵宇、赖少其迅速换上演出用的农民服装混出大门，顺利越狱。与此同时，"更新球队"的陈安羽等3人也一起越狱了。第二天，剧团被押回周田监狱，并立即解散了。三战区长官司令部不知此事，不久，又命令"更新剧团"到司令部的驻地——皂头参加1942年元旦演出，张超只好重新恢复剧团，但加强了对剧团的监管。元旦时演出了《前夜》，赢得了各界好评。

元旦演出后，"更新剧团"又接到通知准备参加三战区长官司令部组织的上饶城春节话剧会演。这时剧团党支部认为不越狱就没有希望重返抗日前线，甚至只有死路一条。于是剧团以党员为核心，进行秘密串联越狱，精心研究越狱对策，采取转移监管人员视线的方法，表面上积极排戏，准备参加演出，但暗地里则进行紧张的越狱准备工作，寻找越狱的有利时机，弄清越狱的行动路线，将剧团中下定决心越狱的肖车、方徨、毛维青、孙子遂等8人分成2个组，并安排人员掩护，筹集越狱经费，然后采取调虎离山计，借口剧团参加春节话剧会演的准备工作还未做好，推荐监管的那几个人参加"国民月会"活动，趁监管人员到饶城借京戏服装、道具的有利时机，1942年1月30日，剧团组织的8人集体越狱取得成功，回到抗敌革命队伍。此时，"更新剧团"随即彻底解散。

（作者简介：余积善，原中共上饶市直机关工委书记，市政协文史馆馆员）

上饶集中营的新四军战俘球队

余积善

皖南事变后，国民党将被俘的新四军官兵及东南各省搜捕来的进步人士关入上饶集中营。为广泛深入收集上饶集中营斗争史料，2007年3月上饶集中营名胜区委派我和其他几位同事赴11个省（市）采访了20多位健在的老同志，其中陈安羽老同志在介绍整个上饶集中营斗争情况中还具体阐述了集中营里球队的成立和斗争情况。因为陈老当年是球队成立和斗争的组织者、参与者之一。1941年1月，陈老被俘前是新四军教导总队宣教干事，同年底成功越狱后回新四军军部，1993年离休，离休前是浙江省人大常委会主任，2015年1月7日在杭州逝世，享年93岁。在我们采访之前，即1983年10月，陈老亲自参加了由江西省委党史资料征集委员会主持召开的上饶集中营斗争史座谈会，会上他作了重点发言，对统一研究上饶集中营斗争史指导思想，包括对球队的成立、斗争情况的认识有很好的指导作用。

1941年6月，为了显示集中营"训练有方"，经时任训练总队"军官大队"大队长和"特训班"主任张超同意，在集中营里成立宪兵篮球队和一、二、三、四、五中队新四军革命战士参加的篮球队。宪兵队依仗他们有"小钢炮""蛮牛""门板"3名主力，说什么"新四军打仗不行，打球也不行"。平时比赛都是在周田集中营里的球场举行。比赛时让"学员"停课、停操观看。在一次由第一期一中队篮球队（陈安羽和陈文全所在队）与宪兵队争夺冠军比赛时，一中队的队员们憋足了劲，决心显示新四军打仗行，打球也行。赛前，他们分析了对方的长处和弱点，商量了战略战术。比赛一开始，陈安羽投篮就很准，他与陈文全配合默契，连中三球，比分一路领先。宪兵队恼羞成怒，使用野蛮手段，在陈安羽快速进攻时，故意用脚把他绊倒在地，身体受伤，当即遭到观看球赛的难友们高声谴责，进一步鼓舞了队员们的斗志，最后，宪兵队以失败告终。

同年10月，集中营正式组建了"军官大队"篮球队，定名为"更新球队"（当时集中营番号即"更新"），并即准备参加由银行界发起的"银联杯"篮球赛。在这之前一个月，集中营进行了第二次编队，编队后陈安羽被编入三队。当时，三队秘密党支部的指示是：一、可以参加比赛，并在比赛期间设法接近一些市民，说明我们队员们的真实身份；二、不参加有反动政治内容的活动；三、看准机会越狱。张超决定由张弘毅（先后任"军官大队"中校中队长和上校副大队长）负责组队比赛，并指定外号为"球鬼"的被囚人员陈文全（中锋）挑选队员。那时，陈文全比陈安羽大7岁，在新四军政治部工作。陈文全一开始就向张弘毅提出要陈安羽参加，说："陈安羽是难得的主力队员（右锋），他不参加，我们都不参加。"张弘毅看到陈安羽身材高大，确实是打球的好手，因此就同意了。张弘毅接着还挑选了殷可宗、温道（后卫）、邓克林（左锋）、芮士珍（后卫），一共6人。最后，陈文全和陈安羽还提出要叶育青参加。因为他们想到叶育青是叶挺军长的亲侄子，又担任过叶挺军长的侍从副官，了解军部的最高机密，如被敌人发现，将给党造成严重损失。为了保护党的机密，必须把他选入球队，在敌人没有摸清他的底细之前帮助他越狱。由于陈文全和陈安羽执意要叶育青参加，张弘毅也只好同意了。这样球队就增加到7人。然后，在选择球队队长时，张弘毅要让特务区队长当队长，目的是对球队进行监管。陈文全与陈安羽等坚决不同意，坚持要懂球技的陈文全当队长，否则，球队就不能组织全队攻防，就会打败仗，这样张弘毅也被迫同意了，这样也就使"更新球队"能以被囚的新四军干部代表队的面目出现在上饶市民面前。参加这次比赛的有国民党三战区汽车兵团的汽车队、三战区后勤部系统的兵站队及比较著名的上饶和江西群众性的黑白队等十几个篮球队。比赛在上饶民众教育馆边上的球场进行。在比赛前后，"更新球队"的队员利用上厕所、上街购物等各种机会，避开跟随的国民党特务，向群众进行宣传，使越来越多的市民知道"更新球队"队员是抗日的新四军人员，现在变成抗日有罪的囚徒，都对他们给予了强烈的同情和支持。所以，每逢"更新球队"参加比赛，人们都争相观看，并不断为他们喝彩、鼓掌，加油声不断，使队员们越战越勇。他们在营养不良、体力较弱的情况下，战胜了所有对手，夺得了"银联杯"的冠军，赢得了群众的好评，都说"新四军有人才，球打得很好，而且很讲文明。"称赞陈文全是敢于突击的"潜水艇"，陈安羽是英勇善战的"神枪手"（当时的《前线日报》用了这两个名词）。跟随球队的国民党特务议论说："陈文全每逢出操就装病，一上球场就生龙活虎。陈安羽投篮简直绝了，几乎是百投百中。"张超为此也高兴，说要给"更新球队"队员增加伙食费，并要"更新球队"准备参加为顾祝同"庆功"的1942年元旦后举行的"祝同杯"篮球锦标赛。"更新球队"队员们一致认为，这种比赛坚决不能参加。

1941年12月6日，住在铅山总部的集中营头目们通知"更新球队"去铅山参加球赛，表演球技。同去的还有"更新剧团"，他们是去铅山演出的。陈安羽与陈文全、叶育青连同"更新剧团"的赖少其、邵宇等5人，按照秘密党支部的决定，利用此次机会，在铅山石塘趁特务不注意时，换上农民的服装，混出大门，在当地老百姓的指引下，成功越狱，并昼夜兼程，奔赴武夷山区，寻找地下组织，重返抗日前线。至此，"更新剧团"和"更新球队"只能随之解散。

抗战时的上饶中学

龚乃旺

为避敌机轰炸，曾搬迁到上饶县应家。民国28年（1939）4月至民国35年（1946）春，省立上饶中学和省立上饶中心小学。

为避空难　东躲西藏

据上饶中学学生自治会民国36年（1947）编印的"校史"描述，上饶中学校址，在上饶县城之水南，原名信江书院，背倚南屏面临信水，远观灵山，七十二峰，历历可数，屋舍依山建筑，曲折幽雅，风景为赣东之冠。清光绪廿八年，改书院为广信中学堂。民国16年（1927年）改称省立上饶中学，编制省高中普通科、高中师范科、农村师范初级中学、实验小学等共五部，范围广大，极一时之盛。是年11月，改称省立第六中学，直隶省教育厅。民国廿四年（1936年）奉令复称省立中学。

这样一所江西省如此看重，又办在城市中心的上饶最高学府，"躲"到连汽车都不通的穷山沟应家去办，实属形势所逼。

据上饶市政协《上饶文史》记载，日军飞机轰炸上饶，从1937年9月就开始了。在上饶县城的人，连活命都难保，就别说坐下来读书了。于是，学校于1938年夏，紧急搬迁到上饶县八都乡。不知何故，是年底学校又重返原址。

据在应家上饶中学读了四年半书的《上饶日报》社93岁的离休老干部徐克义先生回忆，学校为何搬到八都又改到应家去？据说是考虑到应家地处南乡，离福建近，有后路可退。当时的九江中学就迁到铅山的杨村，也是考虑离福建近，暨南大学就干脆迁到了福建的建阳。

另外，据徐老说，当时的上饶县政府迁到了上饶县四十八乡。只在石人殿成立了饶北办事处。1939年5月，国民党第三战区司令部也从安徽的屯溪迁到了皂头的毛湾，增加了学校的安全感。可能就是对这些综合因素的考虑，应家成了学校落脚的最佳选择。于是，惊魂未定的上饶中学及其附属的中心小学又于1939年春浩浩荡荡地迁至了应家。

应家，地处上饶县南边"十里八乡"的出入要道。此地山川连绵起伏，农田大都分散在沟沟垅垅里，发源于铁山和五府山的丁溪河把全乡一分为二，直流丰溪河，下信江，入鄱湖。一般年景常有船只、竹排从事航运。应家街道，古朴宁静，店铺包括邮政代办所在内也有一些，星星点点，谈不上繁华。乡里村民勤劳奉作，物产丰富，尤其是与里山，即铁山、五府山乃至福建的武夷山来往密切。

当时的上饶中学及其附属中心小学有18个班，共903人。初中部6个班设在应家口原供奉"老东公"（"老江公"的化身）的福莲寺内，在应家初中部还扩招了一个义务班，设在里州。山边的揭家还设了初三年级。高中部设在周家祠堂里，中心小学设在东坞村的下中滩。福莲寺里除设置教室外，还住学生，庙中大堂，一隔两段，一段做礼堂，用于周末全校开周会；另一段则改为学生宿舍。校本部也设在福莲寺，有校长室、会计室、图书馆、理化实验室。因为当时读书学生是不派壮丁的，所以读书人特多，而且大龄青年读书的多。扩招的一个义务班，学生除交伙食费外，还得交学费。而其他学生是不交学费的，只交3元钱1个月的菜金和买米的钱。办在中滩的省立中心小学，教室就设在村民用于家族聚会和祭祖的厅厦，学生和教师则住在农户家里。学校的布局，当时的政府当局安排到哪家，村民没有讨价还价的。因为当地的村民常常一听说日本鬼子要打来，就带着全家老小、牛羊猪鸡往山区躲。如此相同的遭遇，使当地村民把学校师生、员工都当作患难之交，亲如一家。据口口相传，学校向当地村民购买农副产品、蔬菜、甘蔗等，村民从不讨价还价，学校讲多少就给多少。像当时的语文老师祝耳清等还与当地的村民结下了儿女亲家。

自强不息　办学有方

当时的校长徐权，是县参议长的女婿，北京大学毕业生，有事业心、有爱国心，也很有水平，不光作起报告"一套一套"的，办学治校也有些高招，特别是在战争年代办校，则更需水平。据徐克义回忆，应家离上饶50多里地，又不通车，学生的起居有序，生活伙食也办得很好，菜由当地供应，"吃得蛮好"，学生也很安心。徐克义家在北乡的郑家坊，来校，从郑家坊步行到上饶，住一晚，第二天再从上饶步行到应家，从没缺过课。有一次为了按时到校，他从祖籍地茗洋走到县城，再走到应家，一天半走了100多里，毫无怨言。

学校为了培养学生的爱国主义、民族气节，善于引进社会资源，给学生演讲辅导，增加课堂教育的分量，使应家成了当时上饶的教育中心。

杨惟义，是上饶县茶亭镇南岩村走出去的世界著名昆虫学家，一级教授，我国首批中国科学院院士。

1937年，日本军制造了震惊中外的"卢沟桥"事变，中华民族陷入了空前的灾难。当时，杨惟义在北京静生生物调查所工作。该所被日军占领后，日本人一会儿要他加入所谓"东亚共荣圈"，一会儿又要他加入所谓的"东亚文化协会"，并要高薪聘他为日本人办的北方昆虫研究所所长，均遭杨惟义断然拒绝；遭到日本人的盯梢、软禁之后，他怒不可遏，说道："人有人品，国有国格，作为炎黄子孙，要永远保持中华民族的气节，即使敌人的刀枪架在脖子上，也绝不可能有丝毫的奴颜媚骨，更不可求荣卖国，为虎作伥！"

在朋友的鼎力相助之下，杨惟义逃出层层封锁线，于1942年2月经上海、杭州、宁波、萧山，回到家乡上饶。一到家，方知母亲已去世多日，堂中还安放着母亲的灵位。就在杨惟义悲痛至极之时，上饶中学校长徐权把杨惟义恭请到应家，给全校师生在福莲寺的大祠堂上演讲了一个上午。谈他的成才之道，谈他为国为民族的贡献，特别是谈他的民族大义，如何抗拒日军的诱惑，不当汉奸，不当亡国奴……轰动了全校，震撼了莘莘学子幼小的心灵。杨惟义在应家上饶中学演讲不久，就应中正大学校长胡先骕先生之邀，只身徒步前往泰和赴任去了。

1941年12月8日，日美交恶，太平洋战争爆发，美国派出了"飞虎队"为代表的空军支援中国抗日战争。有一年，美国的一架参战战机失事，飞行员在铁山跳伞降落。第三战区司令部营救这位美国飞行员，路过应家时，徐权校长又把这位与中国友好并有抗日战功的美军飞行员请到学校，在福莲寺给全校师生演讲了半天。应家名老中医，80余岁的童汝盛先生清楚地记得，飞行员来演讲时，福莲寺的门是敞开的，没有站岗守卫，群众都可以去听，他当时有七八岁了，也挤进去凑热闹。他说："我第一次看到美国人站在戏台上，身穿一套红棕色的军装，上饶中学英语老师替他翻译，一个人讲一段。听到有好几次鼓掌声。"徐克义老同志记忆犹新，他自始至终都认真听了飞行员的演说。

烈火金钢　人才辈出

日军侵华，妄想霸我疆土，毁我长城，征服我人心，真是白日做梦、痴心妄想！看看我国的中小学师生们在日本鬼子的飞机大炮下，是如何坚守学业，立志保家卫国的吧！

"《要怎样做个战时中学生》——抗战迄今4年有余，我国丧失之土地实不鲜矣。许多精华之区无不受敌之残扰，所过城邑，莫不奸劫杀戮，故此同胞们只有向外逃亡，哪里还有读书的机会呢？真可悲呀！但我们现在能在这个学校里求学，真是我们的幸福。可是我们的责任呢亦应当明了，在我们中国2000人当中只有一个中学生，我们是他们的前驱，是一架火车头，需要我们来推动他们，我们是复兴民族的中坚，你看我们的肩上是负了多大的责任？责任的重大我们已经明了，但是我们在战时的中学生又应当注意什么呢？以我来说，应当注意四点：（一）宣传工作——我们不能直接上前线杀敌，就应当在后方做些宣传工作……或直接向民众募捐。唤醒一般迷梦的民众，团结起来，一致抗侮……（二）努力学业……（三）健全体格……（四）涵养德性……总之上述四点，是我们战时中学生必须实行的，亦是我们复兴民族的基础条件。"

这是一篇当时省立上饶中学初中三年级学生童汝义的作文。童汝义是应家本地童家人，其胞弟——名老中医童汝盛得悉笔者在采写《应家故事》后，主动献出他为其早逝的胞兄保存的一本文本。读着这篇字里行间饱含着作者爱憎分明、胸怀民族大义和历史担当的作文，令人忍不住热泪盈眶，肃然起敬。

同时，笔者还从这本作文本中看到当时从教的老师的心血、责任。作文本中的每篇作文老师都用心在读，用心在改，用心在批注。没有半点的惊慌、浮躁和马虎。在童汝义另一篇《怎样做个成功的人》一文中，作文老师除了在文中的精彩用词造句加上密密麻麻的红笔点赞外，末尾还加了一大段批语："求生存不可不战，保全维护权利，更不可不战，作者一气呵成，简净老当。"

省立上饶中学和省立上饶中心小学在应家期间，师生临危不惧、自强自立、不乱方寸，学校教学有方，为国家、为民族培养出了一大批栋梁之材。

这次采写《应家故事》笔者才得知，从应家上饶中学出去成大业者有江西省委原副书记钟启煌、原上海机电公司总工龚加惠，上海二军大少将军医、牙科专家陈约翰，《上饶日报》社离休老干部徐克义等。

据徐克义先生回忆，1998年，他们上饶中学同学聚会，有来自祖国各地，包括台湾的同学，好几十人，欢聚上饶，特地到了应家，造访了省立上饶中学旧址。从全国各地来此旧址参观访问的幸存者、专家、学者和教育界的领导们陆陆续续，没间断过。

（作者简介：龚乃旺，原《上饶日报》社社长，市政协文史馆馆员）

求学上饶中学的片段回忆

苏永平

我原籍上饶焦石苏家。父亲18岁时，弃农学工，后去铅山做工、开店。我初中阶段（1934—1937）是在上饶中学度过的。我对上中感情甚深，现虽年逾古稀，仍常恋念。现记录当年在上中的学习生活片段，以志所怀。

（一）优美的学校环境

上中以旧时之信江书院为校址，校门外是清波荡漾的信江，对岸即为赣东重镇——人烟稠密的上饶市。上中校舍建筑在一座不很高但面积不小的山上。入校门数十步，就要步步高升，象征着赣东最高学府永远培植向上人才。则知上饶人才辈出，邻县士子亦获熏陶，其来有自，岂偶然哉！能工巧匠，善用地形，修建了一座座、一排排美丽实用的房舍，它们掩映在修竹佳木间；加以花香阵阵，鸟鸣嘤嘤，置身其中，耳目为之一新。校园最高处为大礼堂，礼堂上层为图书馆、阅览室。由礼堂右侧前行，曲径通幽，呈现眼帘者，则绿叶婆娑，繁花似锦，小巧玲珑的问月亭在焉。左右亭柱刻着"清风明月本无价，近水远山俱有情"，对联切合景观，书法秀逸可喜，惜忘何氏所书矣。由礼堂左侧循阶曲折而下百余步，则别具风格之小蓬莱在焉。到此，吾人不免想起白居易"长恨歌"中"楼阁玲珑五云起，其中绰约多仙子"之句。这里虽然看不到"五云起"，但"楼阁玲珑"，且其中住着"仙子"般的女生，名曰"小蓬莱"，不亦宜乎？校方将音乐美术教室，安排在上述二景点之间，此于陶冶学子美的心灵，诚属有益。校舍后面低处有一大片平地，围以短墙，乃大操场。场外一路之隔，则为钟山。逢节假日，邀二三学友，登山赏景，亦一乐也。

（二）沉迷于课外读物

我在上中3年，并非以"黄牛三扁担，水牛三扁担"的方法求学，而是热衷读课外书——主要是文学作品，不论古今中外的都爱读，如纪晓岚的《阅微草堂笔记》，苏曼殊的《断鸿零雁记》，袁枚的《随园诗话》等，尤其喜爱。因家贫，与弟弟永政同学，费用不够，则由我步行70里返家（铅山永平）领取。一路上不停背诵《长恨歌》《琵琶行》《圆圆曲》及黛玉的"葬花词"………背到伤心处，也不禁掉泪。这样，疲劳和寂寞全忘了；否则"断肠人在天涯"，多难受啊！

由于沉迷课外，不免产生恶果：国文分数虽然可观，其他科则多"危险"分数。有一天上午，前两节课作文，后二节课测验数学，而我数学尚未复习，如何是好？急中生智：决定压缩作文时间，以之用于"抱佛脚"。正好，老师命题是"惜阴"，何不写它七绝二首了事？花了30分钟，在作文簿写了八行，其一"少壮年华难久留，蹉跎岁月愧吾侪。劝君莫徒伤老大，自弃韶光复孰尤？"其二："大禹流芳陶侃贤，一贤一圣垂千年。能如往哲珍分秒，何患才疏质不妍。"诗是粗浅凑合的，但欲滑过了一关；赢得了时间把数学弄及格了。客观地说，我这种学风是不足为训的。

（三）南岩之游

南岩为上饶郊外景点之一。我在上中，曾两次游之，均由学校统一组织，步行前往。南岩确是好地方，停课出游，赏心悦目，乐何如之！岩洞外上方，刻着笔力雄健的"造化呈奇"四个大字，不知成于何代？悬崖之上，怎能刻字？这不能不赞叹先人之智慧和魄力。谓"造化呈奇"，亦可谓"人工呈奇"矣。洞内甚宽，且有长年不断的一滴泉。洞内外景物，均令人流连。洞外白墙上，有人戏题五律一首："一片西湖景，双峰夹小溪。洞中泉滴滴，门外草萋萋。有水鱼难养，无林鸟自栖。可怜方寸地，多少世人迷。"此诗是否描写南岩？似是而非。"洞中泉滴滴"，则是余均非也。显然，是对女子的大不敬（此诗似有双关语之嫌，令人想入非非。）大概因"似是"且不甚了了，当时有不少女同学抄了此诗。相信不久之后领悟了，必愤而付之一炬。我告别南岩不觉已逾半个世纪，南岩无恙耶？想必"造化呈奇"四字无恙，岩洞、一滴泉无恙，而那首五律则未必尚存吧！

（四）怀念"金玉楼"

上中近边有一条古老的街，名"水南街"。"金玉楼"是水南街生意最兴隆的酒馆。我非其常客，但也进了几回，我之所以不能忘怀，乃因它坐落信江之滨，从馆中纵目窗外，则远山近水，一览无遗。尤其难忘的是上中一位年高德劭、学植深厚的老师——毛鸷老先生手书的对联挂于厅堂。联曰："静对灵山开眼界，好将信水涤胸襟"，此联景中寓情，情生于景，情景交融，天衣无缝，不愧名家手笔。以毛老之功力，作此联只须信手拈来也。古语云："爱屋及乌"，我因敬爱毛老师，爱他那珠联璧合的对联，从而爱起金玉楼来了。抗日战争后期，我在外地听说金玉楼被日机炸毁，那位笑口常开的胖老板也惨遭飞来之殃，不禁怆然久之。

（作者简介：苏永平，民主党派人士，曾任民进江西省委常委，江西省文史研究馆馆员。原文于1992年发表在台湾上饶同乡会出版的《乡讯》中）

赖少其与上饶集中营

柯援生　　汪彩萍

2020年5月28日，由上饶集中营名胜区管委会、合肥市文化和旅游局共同主办的"生命的辉煌"——纪念赖少其诞辰105周年·精品项目及文献史料展在上饶集中营烈士纪念馆举行。得知展讯后，我们两次前去参观，从展出的珍贵文物史料中进一步了解了皖南事变后赖少其关押在上饶集中营时和难友们高举抗日救国旗帜，以笔为枪，顽强斗争的英勇事迹。

赖少其（1915—2000），出生于广东普宁县，著名的版画家、国画家、书法家、篆刻家和作家、诗人。他是20世纪30年代中期广州抗日救亡学生组织和文艺团体的领导人之一，也是那个时期中国新兴木刻运动的开拓者之一。

1939年10月，赖少其在皖南参加新四军；1941年1月，在皖南事变中被捕，同年5月，在转押上饶集中营的途中，赖少其以为无以生还可能，故作诗歌《国殇》铭志。他在诗中写道："来时雪白铺广野，不觉江南蝴蝶飞；既欲亡羊思补牢，子兮子兮胡不归？胡不归兮可奈何，惟抢玉兮以沉疴；夕阳西坠时已暮；人已去兮名不坠；名不坠兮草萋萋，草萋萋兮心欲裂。"

当年的上饶集中营，是一处规模庞大的法西斯集中营。建有周田、石底、茅家岭、七峰岩和李村等监狱，共关押皖南事变后被捕的新四军干部战士600多人和另外100多名共产党人与爱国进步人士，其中包括叶挺、张正坤、冯达飞、李子芳等新四军领导人。

赖少其等被囚"特训班"第三区，即周田村监狱，国民党当局对关押者进行了精神与肉体的双重折磨。赖少其根据被囚的环境与经历，创作了一首新体诗：

> 星儿满天，月儿穿过如絮的云团，
>
> 我的心像湖畔的芦苇，随风飘荡。
>
> 你疲倦了吗？否！我曾奔走万里的途程；
>
> 你痛苦了吗？啊，这是爱国忧家的忠诚。
>
> 我是来自西北，你是来自东南，
>
> 我是来自黑龙江上，你是来自江南的海滨。
>
> 为了赶走日本强盗，泣别了爹娘，别离了家乡。
>
> 我的心像怒吼的钱塘江潮，
>
> 我何其年轻，像钢铁一样坚强。
>
> 月儿慢慢幽暗，我伴随着孤灯，默默无言。

这首《月夜》抒发了难友们为抗日救国坚强不屈，身处逆境却无怨无悔的共同心声。经难友钟袁平谱曲后，成为上饶集中营名铁窗中广为传唱的《囚徒歌》，鼓舞了难友的斗志。

被关押的新四军官兵大多年轻、文化素养高。有的多才多艺，管理集中营的特务将这些被关押者组成一个"特别训练班"，妄图从精神上瓦解他们。特训班特务队长王寿山为了显示"管训"有方，要求被囚"学员"办墙报，墙报由林若秋主编，冯雪峰、郭静唐编稿，赖少其画刊头。除了画刊头，赖少其在上饶集中营还创作了《深沉的愤怒》《爸爸回来了》《知了》等绘画作品，还为冯雪峰狱中的抒情诗画了插图。赖少其的这些画作，充满情趣，诗意盎然。失去自由之身，对艺术家赖少其来说，如同鸟儿困入笼中，他向往自由，羡慕雄鹰。他画的大幅刊头水彩画《自由的高飞》尤其夺人眼球。这幅画的下方是大地、农舍以及密密麻麻的铁丝网，画的上方是天空，空中有一只矫健的雄鹰在凌空翱翔。难友们看到这幅刊头深受鼓舞，周田监狱的上校总教官肖芬等特务对这张画异常敏感，说是有煽动暴动越狱逃跑嫌疑，墙报于是停刊。主管集中营的三战区特务机关专员室的少将专员张超闻之大怒，亲自提审赖少其。赖少其否认"煽动越狱"的主题。气急败坏的张超下令将赖少其押到茅家岭禁闭室。

茅家岭距上饶城十余里，这处"禁闭室"专门关押所谓"不服管教"人员。"老虎凳"、踩竹杠之类的刑具样样俱全。其中一个摆放在天井的铁刺囚笼特别醒目，囚笼高度大小与人体接近，笼子里面缠绕了带刺的铁丝，人关在里面丝毫不能动弹，否则就会被刺得浑身是血，体态稍胖、个头高大的人根本无法在刺铁笼里站立。站此笼里时间稍长即会晕倒，特务把赖少其关进了铁笼，一关就是3天。虽然遭受酷刑，但赖少其坚贞不屈。狱友们也日夜哼唱赖少其在皖南新四军创作的抗战歌曲《渡长江》来声援赖少其，抗议特务的迫害。敌人恼羞成怒，将赖少其的双手反绑吊在铁笼里。难友们唱的这首歌由作曲家何士德谱曲，歌曲激越、雄浑，歌词流畅，与曲调相得益彰。《渡长江》与《新四军军歌》一样在新四军中广为传唱，赖少其也因为这首歌在新四军中成名。狱友们唱道：

> 划呀哟嗬，
> 划呀哟嗬，
> 薄雾弥漫着江面，
> 江水冲击着堤岸，
> 当这黑沉沉的午夜，
> 我们要渡过长江。
> 饥寒困苦算得什么，
> 敌舰上下弋游，我们不怕。
> 长江是我们的，
> 我们千百次自由地来去，
> 我们要渡过长江，
> 获得更大的胜利。

赖少其在铁笼里关了3天，狱友们就唱了3天，直到赖少其昏倒在铁刺笼里，特务才把赖少其放出囚笼。作为新四军的"死硬分子"，赖少其在茅家岭禁闭室关了一个多月才被押回周田集中营。

1941 年 9 月，集中营为了展示所谓"政治感化教育"成果，从关押人员中挑选了 20 多名有艺术素质的"学员"，成立"更新剧团"，赖少其名列其中。要不要参加敌人组织的剧团？赖少其和"特训班"第三区队秘密党支部书记陈念棣等难友商量后认为，可以参加。理由是选调的演员来自各队，通过演出，可以打破集中营把各队人为隔离的封锁局面；通过外出演出，可以设法与地下党联系，里应外合越狱，也可以通过外出演出，择机逃出集中营；还可以利用演出阵地，宣传抗日救国。赖少其被指派为剧团成员之一，负责道具布景类工作。而赖少其被押回周田村的原因，即为被指定的 12 月初前往第三战区所在地的铅山永平、石塘。演出时间在即，布景却没有人画。大家一致呼吁唯有赖少其能胜任布景设计，强调其不可或缺。特务迫于舆论和演出之需，才让赖少其回周田。就这样，赖少其回到了原来的战斗集体。狱中秘密党支部为什么要一再呼吁让赖少其画布景呢？支部觉得赖少其关押在茅家岭集中营非常危险，可能会遭遇不测，遂秘密策划利用这次演出机会，组织赖少其与另一位战友邵宇一起逃跑。冯雪峰将难友林秋若送给他的 30 元钱转送给赖少其作为越狱后的路费，要知道当年 3 角钱可以买一斤猪肉，这可是一笔巨款啊！冯雪峰还给赖少其提供了到浙江丽水找地下党组织地址和联系人。

对于成立剧团，集中营特务有自己的如意算盘，一是通过成立剧团，扩大对外影响，展示"改造在押"人员的成果；二是通过演出，对外摊派戏票，能为集中营增加一大笔额外经济收入。

演出时间、地点由三战区长官部确定，日期在"双十节"前后，意在展示国民党的"更新教育"成果。1941 年 12 月初，剧团在一个排宪兵的看押下前往永平镇演出 3 天。之后又往石塘镇一座古庙演出。12 月 6 日晚，在石塘演出前，黄昏已临。后台紧张忙碌，观众熙熙攘攘，拥来挤去。早有准备的赖少其与战友邵宇迅速换上演出的农民服装，趁乱与陈安羽、陈文全、叶育青 3 位来参加篮球比赛的难友先后走出大庙。他们在夜幕的掩护下，消失在崇山峻岭中。直到演出第二幕要换布景时，宪兵才发现赖少其等 5 人不见了，于是立即停止演出，派宪兵追捕，但赖少其和他画的雄鹰一样，早已远走高飞，不见踪影。

脱险后的赖少其和邵宇他们翻越武夷山，先是到达福建浦城，从浦城又转浙江龙泉，从龙泉坐船到丽水，找到了冯雪峰提供的地下党联系人，解决了衣服和路费。

1942年2月，赖少其、邵宇与著名作家、翻译家林淡秋等在上海地下党交通员的护送下安全抵达苏中根据地。这里是粟裕任师长的新四军一师辖地。

赖少其等5名难友能顺利挣脱牢笼，获得了自由，是个奇迹。赖少其知道，这一切都是集中营秘密党组织和战友帮助的结果。关押在上饶集中营的这段经历对赖少其来说是刻骨铭心，永生难忘。

新中国成立后，他多次回上饶集中营旧址参观，写生，搞创作。上饶的山山水水，俨然是赖少其牵挂的一个精神故乡，他的许多书画作品与上饶有关。

1962年，赖少其重返上饶，看见21年前关押时受过的刑具，睡过的简易木床，他仍能吟诵关押在周田和茅家岭监狱创作的诗歌《月夜》和《国殇》。赖少其为此重新创作了套色木刻《高飞图》，他在画上题写："二十年前曾在上饶集中营画此老鹰，题为高飞，敌人恐引起暴动，甚为惊慌，二十年后再刻之敬献上饶集中营革命纪念馆。"

1979年，赖少其应约为"上饶集中营革命烈士纪念馆"题写馆名。1982年，赖少其与夫人、女儿再次回到上饶，向上饶集中营烈士纪念碑敬献花圈，在参观上饶集中营旧址时即兴写下《重访茅家岭》的诗词书法作品赠予时任地委宣传部部长的张续文，他在诗中写道："四十一年岁月稠，一进茅家岭，热血涌心头。战友义气重，狱啸憾敌酋。吊铁笼，何所惧？烈士鲜血不白流，打碎黑狱报国仇。"

同时，赖少其还创作纸本设色《上饶集中营》。赖少其还将当年关在铁刺囚笼的经历用书法的形式写出来，题为《茅家岭》："一九四一年十一月，敌人把我押进茅家岭。狱中同志见我被敌人吊于铁笼中，即以狱啸迫使敌人夜中把我从铁笼中放出，如此夜放日吊，长达三日。"

1983年，赖少其在时任上饶地委宣传部副部长谢进的陪同下，到上饶集中营写生，后创作中国画《茅家岭》。

作为幸存者，赖少其非常怀念牺牲的狱友。1995年，赖少其为施奇烈士墓题写"施奇同志浩气长存"。

赖少其是杰出的革命文艺战士，更是中国当代著名书画艺术大家，是中国"新徽派美术"的卓越代表和旗手。他一生创作颇丰，出版了《赖少其山水画集》等画册，在国内外举办了30余场大型书画展览，为钓鱼台国宾馆及皖、沪、粤、浙、闽等省（市）创作近70件大幅山水画作品，被公认为20世纪中国的书画大家。2020年，是赖少其诞辰105周年，他的后人及合肥市文旅局以"生命的辉煌"为题，在上饶集中营名胜区举行了为期1个月的"纪念赖少其诞辰105周年精品项目及文献史料展"，告慰了赖少其对上饶的牵挂。这个展出，对上饶集中营纪念馆和上饶人民来说，意义非凡。如果赖少其地下有知，也会感到欣慰。

注：本文史料部分参考了《上饶集中营革命斗争故事》一书中丁健撰写的《以笔作武器的艺术家—赖少其的故事》一文，鸣谢。

（作者简介：柯援生，上饶市对台办退休干部，上饶摄影家协会会员；汪彩萍，上饶市广播电视台退休编辑，上饶市作家协会会员）

上饶的几支抗日宣传队

罗时平

1938年1月，日本帝国主义已侵占华北、上海、南京等地。为动员全民抗战，在以国共合作为核心的抗日民族统一战线推动下，国民政府军事委员会成立政治部，周恩来代表中共出任副部长。4月，成立以郭沫若为厅长的第三厅，主管抗日宣传动员工作。周恩来根据中共中央关于加强抗日宣传工作的指示，着手进行收编、组建抗日宣传团体编入三厅建制。8月，在武昌县花林宣布成立10个抗敌演剧队、4个抗敌宣传队和1个孩子剧团。其中，抗敌演剧队由郭沫若、田汉、洪深主持训练1个月后分派各战区抗日前线工作。其中抗敌演剧第五队、抗敌演剧第七队、抗敌宣传二队、漫画队派驻上饶第三战区。

漫画宣传队 1939年春至1940年12月驻上饶城郊汪家园，他们用漫画当武器，宣传抗战。著名漫画家张乐平参加了漫画队的抗日宣传，他在这一期间陆续发表了连环漫画《抗战序曲》《阿福从军记》以及《它污辱了我们五千年的文化》《这一槌的滋味如何》《"皇军"妻子们的悲哀》等作品。《抗战序曲》中，勇士们失去家园，要与日军誓死一搏；《阿福从军记》中，阿福本无意抗敌，可种种惨绝人寰的事实，唤起他人性的良知和民族的尊严，使之加入抗战的洪流。1940年，张乐平创作了一套以汉奸为主人翁的连环漫画《王八别传》，把日本鬼子的残酷凶暴和汉奸的无耻卑鄙的嘴脸刻画得惟妙惟肖、入木三分。张乐平在《前线日报》上发表了一组深入前线创作的浙西战地速写——《抗日英雄故事》，12个响亮的名字：许金、方以贵、刘生云、奉剑秋、蔡得标、冯世雄、钱国梁、田春桃、萧忠明、唐义球、王栋国、阳谦即，一个个鲜活的英雄事迹，他们奋勇杀敌，视死如归。张乐平还用画笔记录了前线阵地的战斗生活：站岗放哨，挖战壕，瞄准射击，抢救伤员，以及激烈战斗后残破的战场等。张乐平与漫画宣传队的其他成员创作了一批又一批宣传画和漫画作品，在各地流动展览，并深入前线创作，除了在《前线日报》《漫画旬刊》上发表，还在《大风》《浙江潮》等刊物上发表或出特刊。

抗敌演剧第五队 前身为文明戏剧团"上海剧社"，队长王梦生。主要成员有沈怡乐（沈默）、陈浮生、陈力群、徐笑林、朱九思、叶紫云等。1938年9月配属于第三战区政治部，辗转步行到江西，沿途演出了街头剧，或在晚上搭台为军民演出《张家店》《最后一计》及独角戏《拾炸弹》等。每次演出前，队长王梦生发表感情充沛、慷慨激昂的演说，观众为之感动。1938年12月，随第三战区机关转移到上饶，驻城郊荷叶街。战区政治部将此队编为第三工作团，在安徽、浙江、江西、福建等地区巡回演出。1939年上半年，徐笑林邀来上海著名滑稽戏演员张樵侬、杨华生，演出独角戏《跑警报》《南京城》，取得良好效果。1939年6月，国民党当局进行政治迫害，7位队员被迫离队。抗敌演剧五队在东南战场坚持战斗，深入群众，有较高声誉。国民党第一次反共高潮后，力量受到削弱。

抗敌演剧第七队 前身为武汉友联剧社，队长冼群，主要成员有王澧泉、罗毅之、张清泉、黄宛苏、诸葛明、殷振家、林岚、熊俊英等。七队于1938年9月自武汉出发，直抵安徽休宁，配属第三战区政治部，被编为第二战地工作团，沿祁门新安江直抵浙江兰溪、金华，一路乘民船演出《屠户》《放下你的鞭子》等剧。1939年3月，随第三战区长官司令部迁往上饶，驻水南街信江书院。他们在上饶各地演出了《屠户》《放下你的鞭子》《烟苇港》《反正》《复活》《菱姑》《魔窟》《流寇队长》《凤凰城》《一年间》《芙蓉与牡丹》《一朵小红花》《代用品》等剧目。1939年10月冼群离队，罗毅之任队长。

抗宣二队 1938年8月在武汉建立，成立后从武汉出发，经长沙到南昌，先后到过5个省、23个县、47个镇、近200个农村进行工作，行程达1万余里。在抗宣二队工作过的共有66人，坚持在东南战场战斗了730天，演出了《反正》《壮丁》《荣誉大队》《放下你的鞭子》《两弟兄》《三江好》等33个剧目，组建了9个青年歌剧团体，培训了4万多士兵、农民、工人、妇女和儿童，鼓舞了广大军民的抗战斗志。1940年12月，由于国民党反动势力不断推行排共、反共政策，迫使中共党员和革命青年不得不离开抗宣二队，并使抗宣二队在形式上被改编，但实际上被解散。

漫画队、抗敌演剧五队、演剧七队、抗宣二队的活动不仅在上饶，而且在整个东南五省，乃至在全国都深受民众欢迎，有很高声誉。

抗战文物图解

商建榕　陈靖坤

　　在中国的历史长河中，除了伟大的"四大发明"，最光华耀目的莫过于陶瓷技术的领先了，这是中国人的荣耀。在瓷器上书文作画，尤其是书画有故事情节的图案，又是国人的创新，将一些政治理念和国家大事、民族气概通过瓷器、竹器等日用品巧妙的进行宣传，是近100多年来的事。

　　20世纪30年代，日军侵占我东三省，继而抗战爆发。上饶市场上各种日用百货，只要能够印花印字刻字的，许多生产厂家都在商品上面打上了抗战的标志和口号，以鼓舞百姓抗战的决心。最常见的是瓷器、竹编上的字画和香烟、茶叶的包装等。如上饶、铅山市场上的竹器店，都不约而同地将刻在竹椅背上的"福禄寿喜""福如东海"等四字吉祥语，改成了"坚持抗战""驱逐倭寇""抗日必胜"等字样，以鼓舞民心。

　　据当时驻上饶的三战区机关报《前线日报》称，大汉奸汪精卫夫妇的木制跪像，"上饶县各处备制甚多"，在上饶民教馆的中山室，还专门置放了一对汪精卫夫妇的木制跪像，"以供游人唾咒"。

　　抗日战争期间，这种现象在上饶非常普遍，许多商家小业主把对日军的愤恨，对汉奸的鄙视，都通过小商品上的绘画图案表现出来，以唤醒民族大众的抗战意识。

　　抗战时，第三战区司令部许多机关单位设在上饶县皂头一带，遗留了许多抗战遗址和名人轶事。1975年出生在皂头镇紫云村的市民苏纲青，早在幼年时就听村里老辈人说过很多抗战时发生的故事，耳濡目染中，熟知了许多抗战机关遗址，也激发了他对收藏抗战文物的兴趣。2016年，他开始收集各类有关抗战的文物，投入大量资金，几乎跑遍全市，收集、购买有关上饶抗日战争期间的各类实物上千件。他最大的愿望就是在上饶创办一家抗战博物馆，希望通过抗战文物的展出教育后人，让更多人了解上饶的抗战历史。

透过上饶文物收藏爱好者收集的这些抗战文物字画，我们可以管中窥豹，于细微处见精神，间接了解那个烽火岁月里，中华民族抵御外侮、抗战到底的决心和不屈的民族精神。

"还我河山"茶托　　　　　　　　　　"建国必成"茶托

这两只茶托，制作样式和绘画风格基本一致，书写字迹相同，落款时间也一样，估计是同一作坊的匠人同一时期所作。

茶托上绘的是中国常见的山水风景画，远山近树、茅屋路亭、江河垂钓，画面简约优美，一如陶渊明构述的"桃花源"，意境悠远宁静。茶托上两幅字画落款均为民国卅一年（1942）春，期间正是抗日战争最艰苦的阶段，日军荼毒已久，国人向往和平。一茶托画面正上方书写醒目黑字"还我河山"，边款书：文升选于桃源，民国卅一年春。另一茶托上方书写"建国必成"，边款书：陈金辉学兄留存，弟曾国兴赠。从落款看，此茶托应是赠人的礼品。匠人通过描绘祖国的大好河山，表达了国人对祖国的热爱，对收复失地、重建家园的憧憬。"还我河山"，这是抗战中最常见的一句口号，流行最广，老少皆知。

"渴饮敌血"茶杯

　　这只茶杯造型端庄大气，杯口镶有蓝边釉彩，画面典雅，应属当年较高档的饮茶器皿。杯子正面绘有悬崖古树，茅亭船渡，远山衔塔，景观层次分明，高低错落，构成一幅典型的中国山水画。背面题款"秋江晚渡"，边款上备注：渴饮敌血。表达了创作者对祖国河山的热爱，对日军蹂躏国土的刻骨仇恨。

"抗战到底"茶壶

　　这是民国时期流行的一种剪纸贴花瓷壶，这种瓷器专用的剪纸贴花图案多富于寓意，如"松鹤延年""富贵牡丹"等图案，表达吉祥喜庆之意，具有浓郁的民族特色，是陶瓷彩绘艺术中的一个独立品种。但贴花瓷器的档次较低，多见于底层普通百姓家。这只茶壶，正面贴花纸"花开富贵"图案，背面书"抗战到底"，这是抗战时期民间常用的一种宣传装饰。

"挽回利权"茶壶

　　这把剪纸贴花茶壶造型优美圆润，正面贴纸图案与上图相同，同为盛开的百花，寓意"花开富贵"，背面书有"挽回利权"四字。"振兴国货，挽回利权"，是当时流行的一个口号，反映了国民为抗战抵制日货的民族意识。

　　民国初，日本及列强诸国经济入侵日益严重，导致大量国货店铺倒闭。1919年五四运动爆发，全国兴起抵制日货运动，以不买日货甚至焚毁日货来抵制日本的经济入侵，直至抗战爆发。1928年11月1日，上海实业界举办了一次中华国货展览会，观众达5万多人，蒋介石亲临会场并宣称"国民政府是要提倡国货，要振兴实业，要挽回利权，使外国货在中国没有销路，大家都用国货来打倒帝国主义"。据历史资料，仅上海市提倡国货委员会就先后举办过18次国货展览会，激发了全社会重视国货、爱用国货、制造国货的热情，对振兴民族经济、国家建设起到了至关重要的作用。当年提倡国货的规模由此可见一斑。在随后的抗战年代，提倡国货更是成为一种特殊的抗战方式，群众纷纷行动起来，抵制日货，甚至成立了查抄敌货的组织。以抗日救亡为主要任务，为抗战的最后胜利做出了不可磨灭的特殊贡献。

　　此瓷壶为一抗战老兵珍藏至今。

"抗战到底"瓷碟

这只瓷碟也属于普通人家的日用品，碟中是一幅简约山水画，依山傍水的人家，孤独垂钓的江舟，画面宁静而祥和。上书"抗战到底"的字样，反映了战乱中的国人对和平生活的渴望，鼓舞中华民族抗战到底，宣扬抗战必胜的信念。

"轰炸日舰"瓷杯

这是抗战时期画在日用品上极其罕见的一幅历史真实画面：一艘悬挂日本国旗、被炸后冒着黑色浓烟正在下沉的敌舰；上方有我军2架飞机轰炸成功后在日舰上空盘旋；画面底部是围观的百姓在振臂欢呼。画面的三个层次简略而清楚：正在交战的敌我双方和观战的老百姓，坚定地表达出中国人民抗战必胜的信念！这个画面

"抗战建国"瓷坛

也打破了日军不可战胜的神话，坚定了国人抗日救国的信心。

抗战时期，有关反映抗战题材的瓷器日用品非常之多，或是宣传口号，或有特定图案，但像这样把战争场面直接描绘于茶杯上作为主体画面的，十分罕见。估计是当时军政机关人员庆祝胜利的定制品。

这个花瓷坛制作粗放，画面是简笔画牡丹花和葡萄，象征着"花开富贵"和"多子多福"的传统观念。在花果画的正中，本应是牡丹花的位置，巧妙地以一个圆形花印代替了花朵，花印上撰写了"抗战建国"四个字。一方面描绘了中华民族对美好生活的向往，另一方面又表达了对"抗战建国"的深刻认知。

"同心勠力"酒杯

这只瓷酒杯，上有"孟麟吾兄雅玩"的题款，中间有"同心勠力"的题字，下面落款为"弟翁傑赠予珠山军次"，时间是1939年国庆日。"军次"指军队宿舍，"珠山"是旧时景德镇瓷厂最集中的地方。从鼓励抗战的题字内容和落款推测，此杯应是抗战时驻扎在景德镇珠山的军政人员为赠送友人所定制的礼品杯。

纪念抗战胜利的茶壶和瓷碗

　　这只小茶壶造型优美，做工精致，画面上有盛开的菊花、兰叶和2只飞翔的鸽子，釉上彩的色泽艳丽，非常漂亮。缺损的壶盖上有"保卫和平"4个字，壶身上也有"保卫世界永久和平"的题字。中国传统画中，常以鸽子象征胜利后的和平，而"菊"因与"吉"谐音，常出现在各种器皿和建筑上。推测这应是抗战胜利时的作品。观看画面，仍可感受到一种喜悦的气氛。

　　除了瓷器以外，还有大量日用品尤其书籍上都有抗战的烙印。

这是一只手工缝制的布荷包,荷包的夹层里,用毛笔书写了"收回失地,一力成功"的字样。

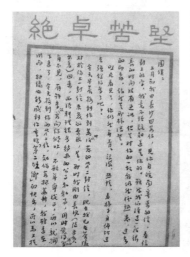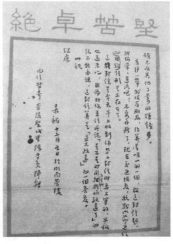

这是抗战中流行的信笺,笺头上印有"艰苦卓绝"四字,鼓舞民众。这是一封军旅中的友人通信信件。

这是抗战时商务印书馆发行的小学补充教材《战时常识》,教育人们如何应对战争,如何在战乱中保护自己。

《前线日报》插图　妇女进行曲（朱宗敬先生编前线歌选插画之二）作者徐甫堡

上图反映了抗战时期妇女们救死扶伤、支援前线的场面。

这是抗战时流行于各书局、书店的书刊。

抗战时许多书店业主们积极配合形势需要，及时购进各种进步文学作品和抗战读物，甚至延长夜市，欢迎大家免费阅读。这些书刊向敌后区人们介绍日本间谍的活动特点，提请大家注意敌特的渗入。号召青年积极参战，鼓舞人们坚持抗战的信心，为宣传抗日救亡运动、普及进步文化做出了巨大贡献。

透过对这些抗战文物的解读，我们可从侧面了解到在中华民族最危难的时刻，中华儿女不屈不挠、誓死保卫祖国、决心抗战到底的民族精神。上述这些文物上的抗战宣传图文或口号，当年在教育民众、唤醒民众、激励意志等方面，起到了平时通过常规宣传手段达不到的效果。国家与民族的重要性，百姓们的爱国理念，通过这些日用品无声的宣传，悄然走进千家万户，让人们在耳濡目染中坚定抗战的信念，鼓舞着许多的爱国志士走上前线浴血奋战，直至抗战胜利。

我们铭记抗战历史，不是为了咀嚼曾经饱受的苦难，也不是要延续两国的仇恨，而是为了珍惜和平，捍卫正义，从历史中汲取开创未来的精神力量。忘记历史就意味着背叛。让我们一起铭记这段抗战的历史，弘扬伟大抗战精神蕴含的"天下兴亡、匹夫有责"的爱国情怀。

注：文中部分文物图片为上饶市抗战研究会执行会长苏纲青所收藏的抗战文物。

【抗战遗址】

信州区抗战遗址调查

商建榕

　　抗日战争遗址是抗战文化遗产的重要组成部分，是抗战文化精神的物质载体，也是进行爱国主义教育的基地。近年来，抗战文化遗址已越来越受到广大社会关注。为弘扬抗战精神的当代价值，做好上饶抗战文化遗产的收集整理工作，上饶市抗战文化研究会自筹办时期就开始对信州城区和周边抗战遗址进行逐步的专题调研。

　　抗战时期，国民政府第三战区长官司令部从安徽迁至上饶，战乱中一切从简，所有军政单位临时办公室均设在县城广平镇（今信州区）和皂头镇城乡接合部一带，见缝插针，分散借居民房办公。而房主们积极腾出房子让给军政单位人员办公，哪怕因此遭受敌机的轮番轰炸，也毫无怨言。

　　信州区有两条因纪念抗战胜利而命名的路——抗建路和胜利路；五桂山附近的第三中学校址所在地，抗战时有座埋日本鬼子尸体的"倭寇坟"；至于第三战区各机构的驻扎地遗址，更是散见于上饶城乡各地的老街巷、古寺庙和村落中。

　　随着时光的流逝，城市的扩建，许多重要的抗战遗址建筑不复存在。80多年过去了，残存的几处也已破旧不堪，面临拆毁。令许多前来寻访三战区遗址的人们所叹息。如信州区茅家岭街道的汪家园龚家103号，曾为三战区政治部办公室所在地。2017年前后，三战区原参谋长温鸣剑之子还特来寻访过，在政治部遗址回忆抗战中的童年往事。此处屋宅于1951—1952年土改运动中分为几户人家，现框架虽然依存，但破损严重，即将拆毁。

第三战区政治部遗址——汪家园龚家 103 号

《前线日报》社编辑部遗址——俞仙殿

《前线日报》社编辑部和印刷工人生产、生活使用的水井

信州茅家岭荷叶街古庙俞仙殿及附近民宅，抗战时曾是第三战区机关报《前线日报》编辑部、印刷厂所在地。俞仙殿的殿房即为当年《前线日报》编辑部，旁边有当年印刷工人生产、生活使用的水井，目前保存得还比较好。但附近的报社仓库和印刷厂遗址仅存残壁断垣，也将面临拆毁。

原上饶县皂头镇在上饶抗战中的位置十分突出，它既是第三战区长官司令部所在地，又是日军浙赣战役的重灾区，还是当年国民党政府关押新四军与进步人士的重地。

在皂头镇新田村，当年软禁马寅初先生的房屋仍在。房屋虽然破旧，但天井厢房格局基本保留完整，看得出当年是一栋大宅院。当地村民依旧珍视并准备进行修复。老人们知晓许多当年有关马寅初先生的事。因马寅初担任过国民政府陆军大学的政治教官，三战区司令长官顾祝同因此对他以学生自称，也十分礼待。虽然派了一个排的士兵软禁他，但生活上对他十分周到。马先生出门总有很多士兵监视陪同，村民还以为他是国民政府高官。马先生极爱干净，每天洗澡，士兵要去担水侍候等。马先生身体素质极好，据说他居室旁边原有几个大池塘，寒冬腊月，池塘结了冰，马先生竟然凿冰洞跳下去洗澡。

抗战时马寅初被软禁新田村居住的房屋（厢房已倒塌）

在皂头镇紫云村柯家，有当年三战区政治部临时盖的办公室遗址。1936年出生的老会计柯修良介绍说："当年的房子就像今天的工棚，墙是竹篾编的，外面糊了黄泥，再刷上石灰。1942年4月4日日本飞机大轰炸，村里因为驻扎了军队机关，被炸得非常凄惨，死了许多百姓。前些年房子被私人买去后，拆掉建了新房。"遗址面临水池，周围一片竹树环绕，景色旖旎。

在皂头镇盘石李家，有当年第三战区军法执行监部办公所在地，据说也是叶挺将军临时关押地。当年囚禁叶挺的房舍还在，但也破败损坏。村里亲历亲见亲闻的李姓老人们给大家讲述了很多叶挺将军的故事，也讲述了三战区在此地处置枪决违背军令的两位将官的事件。

抗战研究会走访紫云村柯家调查抗战遗址

叶挺将军曾被临时关押在这间小偏房

通过实地调研可知，因年代久远大部分抗战遗址都已面临倒塌和拆迁。上饶县皂头镇是抗战遗址较密集的一个重点，曾经驻扎过三战区许多机关单位，但也只是上饶抗战文化遗存的一个部分。而像这样有研究、有保护价值的地方有好几处，保护迫在眉睫。为此，2018年上饶市抗战文化研究会曾向上级有关部门紧急呼吁：在暂无条件修复的情况下，能否先保留下这些珍贵遗址，不要随便开发。对无法保留的遗址，树铜牌标识纪念。同时在城市的规划和建设中，将上饶抗战文化资源的开发作为一项独特的、长期的、综合的旅游产品，纳入上饶旅游发展的总体规划和详细规划中，有计划、有重点、分步骤，既统一又科学合理地开发和利用，努力打造好上饶抗战文化品牌。

文物管理机构的权力十分有限，这是制约上饶抗战文化遗址保护与开发的重要因素。很多珍贵的抗战文化资源因城市建设而遭到破坏，但文物部门却没有办法予以制止。故此，建议学习浙江衢州和江山的做法，先保护后开发，并制定专门的《上饶市抗战文化遗址保护条例》和《上饶市抗战文化遗址保护管理办法》，切实做到将抗战文化遗址保护工作纳入当地经济和社会发展计划，纳入城乡建设规划，纳入财政预算，纳入体制改革，纳入领导责任制。

附： 三战区驻上饶部分抗战遗址名录

叶挺将军囚禁处：上饶县皂头湖西李村

马寅初先生囚禁处：皂头镇新田林家

陶陶招待所：皂头镇潘家宗祠

警报台：皂头镇高家

司令长官部：皂头镇谢家

长官部办公厅：皂头镇毛埂村周家

长官司令部参谋处：高泉柯氏宗祠

副官处：皂头镇毛埂陈氏祠堂（下设总务、会计、交际三科及招待所）

参谋处：皂头镇后门堂（设作战、情报、后勤科及秘书室、联络组）

军务处：皂头镇肖家

交通处及特务团：皂头镇程家堡

联秘处：皂头镇傅家前阳村（第三战区党政军联席会议秘书处，设军事、党政、情报、审讯四科及特种问题研究等）

经理处：皂头镇傅家村北弄（设三科一室，管理战区军费及相关事宜）

卫生处：皂头镇毛埂陈蔚南家

荣誉管理处：皂头镇付家（战区伤员管理，下设三科一室）

俄国顾问处：皂头镇付家村付家

美军顾问室：皂头镇

顾问处：皂头镇湖西李村

军粮处：皂头镇汪司墩许家

军务处：高泉（今并入皂头，下同）肖家村

经济处：高泉北垄村

党政分会：高泉寺内

廿六军后方医院：高泉赵家乡后洋村

政治部：茅家岭乡汪家园童家、龚家（设五科一室及督察专员室、文化设计室。其直属单位有政工队、游击干训班；附属单位有总政治部抗敌演剧宣传队第三、第十队，8个扫荡简报班，韩台义勇总队）

《前线日报》社编辑部及印刷厂：茅家岭街道荷叶街、俞仙殿

军法执行总监部：朝阳乡盘石村

随军家属及学校：皂头镇毛埂

注：本文图片由商建榕摄。

新四军驻赣办事处迁驻上饶

罗芸

　　1937年秋至1945年底，新四军在国民党统治区的一些城镇陆续设立了50多个办事机构，这些办事机构有的称办事处，有的称留守处或通讯处。新四军办事机构中最主要的是新四军驻赣办事处。1938年1月6日，新四军驻赣办事处在南昌成立。新四军驻赣办事处是南方八省红军游击队改编新四军前后，中国共产党设在南方国统区公开合法的总机关，党内称中共中央东南分局，对外称新四军驻赣办事处。驻赣办事处主任由中共中央东南分局宣传部部长兼统战部部长黄道担任，中共中央东南分局与新四军驻赣办事处合署办公，其主要任务是宣传中共的抗日主张，开展统一战线工作，推动群众性的抗日救亡运动，联络友军，筹集与转运军需物资，接待中共过往人员，输送爱国人士参加八路军和新四军，掩护中共地方组织的活动，营救被捕的共产党员和进步人士等。同时，新四军驻赣办事处也是中共广泛联系各方面的一个窗口，东南分局经常由办事处出面，邀请国民党政府要员、各党派负责人、著名学者和社会名流召开座谈会，阐述党的统一战线政策和团结抗日的主张。

　　1939年3月，日军逆长江而上，逼近南昌。黄道率新四军驻赣办事处随国民党江西省政府机关撤退至吉安三角滩。办事处在三角滩待了一个多月，蒋介石借口吉安为江西省政府机关临时驻地，办事处同时进驻多有不便，电令办事处搬迁到第三战区长官部驻地上饶。鉴于当时国共合作的大局，为维护抗日民族统一战线共同抗日的目的，黄道根据周恩来的指示，于同年5月率新四军驻赣办事处人员撤离吉安迁往第三战区驻地上饶。黄道与办事处人员向上饶迁移路过铅山县河口镇时，因天气炎热加上连日行军，黄道染上疾病，就在新四军河口留守处暂时住下治病，他吩咐办事处副主任胡金魁带领其他人员赶到上饶去第三战区长官部联系设立办事处事宜。一直在监视新四军河口留守处的国民党特务获知这一信息，立即向第三战区长官部报告，战区政治部情报室专员、军统特务头子张超马上派出2名特务到河口，用金钱买通了为黄道治病的医生，5月23日医生给黄道注射了掺入毒药的针剂，黄道中毒身亡。

黄道牺牲后，周恩来电告蒋介石委任胡金魁为新四军驻赣办事处主任。胡金魁是江西新余水西镇铜林村人，1927年参加秋收起义，后参加长征。1935年11月，中华苏维埃共和国中央政府驻西北办事处成立。1936年1月，办事处增设外交部，下设交际处，胡金魁调至外交部交际处工作，任招待所所长。1936年秋，埃德加·斯诺到陕北苏区进行采访，毛泽东亲自指派胡金魁，让他全程陪同斯诺在保安和到保安以西的甘肃边境进行采访。1937年，胡金魁任陕甘宁边区政府交际处处长。在任期间，胡金魁接待了许多投奔延安的热血革命青年和各界著名人士，还接待了爱泼斯坦、史沫特莱、柯棣华等众多国际友人，胡金魁成为第一代红军外交官。抗战爆发后，胡金魁南下武汉八路军办事处，后去南昌新四军驻赣办事处工作。新四军驻赣办事处撤离吉安到上饶后，在离上饶城10里地的十里埠找到几间旧祠堂作为新四军驻赣办事处的机关驻所，正式挂牌办公。此时新四军驻赣办事处不再是中共中央东南局机关的一部分，而纯粹为新四军军部驻上饶联络机构。1939年9月，出于方便与设在城南郊第三战区长官部进行交涉的考虑，新四军驻赣办事处办公地点又搬到上饶城内水南街滩头村杨家府宅。

新四军驻赣办事处作为中共在第三战区长官部驻地的唯一公开组织，充分利用自身合法身份，宣传党的抗日统一战线政策，广泛开展抗日救亡的宣传和组织工作。办事处通过电台与皖南新四军军部保持密切联系，并经常派人往返军部汇报请示工作。在环境险恶的国民党统治区，办事处积极恢复和发展党的组织，寻找在3年游击战争中失去联系的党员，营救被捕同志，使一批革命骨干重新回到党的怀抱。办事处巧妙地躲过周围敌特人员的监视和宪兵的盘查，为新四军和抗日根据地输送了大批军需物资及军政干部，并给来上饶开展工作的各地同志提供膳宿方便，先后接待了叶挺、袁国平、曾镜冰、陈丕显等领导同志。1939年8月，叶挺来到上饶交涉被第三战区扣留的新四军枪支问题，叶挺住在新四军驻赣办事处。经过据理力争，顾祝同不得不将被扣压的3600支手枪如数交还给叶挺带回。要回了枪，叶挺又回到了办事处安排工作，并给了办事处5条新的双保险驳壳枪。1940年10月19日，何应钦、白崇禧以国民政府军事委员会的名义，强令黄河以南的新四军、八路军在1个月内全部撤到江北。中国共产党从维护抗战大局出发，答应将皖南的新四军北移。1940年11月11—17日，叶挺来到上饶与顾祝同交涉新四军北移事宜，叶挺在上饶与顾祝同谈判期间，接待工作由新四军驻赣办事处安排。

办事处还与当时聚集在上饶城的许多抗日救亡组织中的秘密党组织进行联系，把一批批流亡到上饶的外省青年和江西省内失学、失业青年，分别组成新四军战地服务团、青年抗敌后援会、青年救亡协会、乡村抗战宣传巡回工作团等抗日救亡团体，深入战区城乡公演抗日话剧，教唱抗日歌曲。新四军驻赣办事处在上饶的活动，为维护抗日民族统一战线、坚持团结抗战发挥了独特的作用。

在此期间，第三战区军统特务在办事处外围秘密监视办事处的活动。胡金魁在《新四军驻赣办事处在上饶的日子》一文中回忆说："当时，下滩头杨家府宅周围摆摊子的很多，其实都是特务化装来监视我们的。我们用各种巧妙的方法对付他们。我们利用到第三战区办事的机会了解国民党军的一些情况，我每隔一个月就去军部一次，汇报情况、请示工作。有一次，张超派人来找我去城郊船头村政治专员室谈话。我去了，张超人不在。他老婆李琦莹就很好奇地向我打听新四军。诸如新四军那么苦，为什么还有那么多人到新四军去当兵？新四军有多少人？武器怎么样？我说，'这些情况我都不清楚，只是根据上峰指示，负责联络友军和办理军需。'"

1940年底，形势越来越严峻，新四军驻赣办事处已无法在上饶立足，军部来电要办事处撤回。办事处主任胡金魁后来回忆："那时候，我们办事处要钱要器材是找第三战区第五军需局，所以知道国民党军队的一些情况。"就在这时，胡金魁从国民党第五军需局发现，国民党将用7个师的兵力包围并袭击新四军军部。他立即电告新四军军部，是最早获悉并报告国民党反动派将发动皖南事变情报的人。这份特别紧急的电报，胡金魁曾连续四五次发往新四军军部。1941年1月3日夜，胡金魁奉军部命令带领新四军驻赣办事处所有人员撤离上饶。白天，他还冒着极大危险亲自去第三战区第五军需局领取了新四军最后一批13万元的军饷。当夜，他带领办事处人员从后门乘卡车撤出，冲过3道封锁线，5日晨到达安徽太平，下午到茂林军部，把军饷等物件交给军需处。至此，在江西坚持到最后的新四军办事处完成了其历史使命。

（作者简介：罗芸，上饶市广播电视台记者）

上饶抗建路纪事

汪增讨

　　信州抗建路，如今市民都习惯称之为步行街。这条路的历史其实并不长，从1941年命名到现在，也不过只有80年。然而，抗建路在这短短的几十年，却发生了翻天覆地的巨大变化。从最初只能两部人力手推车并肩而过的一条小街，发展为20米宽的现代化繁华商业步行街；由于处于市中心，解放后一直被视为上饶市东市、西市辖区的分界线。80年的历史成就了抗建路许多鲜为人知的故事，也有更多的历史见证。它是上饶市解放后第一条拓宽的道路，也是上饶市中心城区改变面貌，第一条铺筑沥青路面的道路。中国最大的地雕艺术铜钱也是在这条抗建路落户……抗建路的发展，将是上饶市城建发展史的重要篇章。了解抗建路的历史，记录抗建路的发展，探索抗建路的足迹，应该是上饶市文史工作者的责任和义务，让我把看到、听到、读到的抗建路的史话串起来，逐一展示出来。

一、探听抗建路命名时期的背景

　　1941年，上饶县广平镇的花红巷、牌楼底、天津街3个地段，被国民党江西第六行政区、第三战区长官司令部、上饶县政府将其统连在一起，命名为"抗建路"（起初命为抗战路，后确定为抗建路）。意为奋起抗击日本帝国主义侵略中国的强盗行径，保卫建设中华民国的一条新街道。

　　那时全国到处战火纷飞，兵荒马乱，而上饶怎么会选在这个时间来命名一条新街？当时上饶县到底是一个什么状况？让我们穿过历史时空，翻转到20世纪三四十年代，看看那时的上饶，这个抗日前线的大后方。

1939年3月，随着三战区长官司令部从安徽屯溪迁到上饶，江浙沦陷区的难民大批涌入上饶，竟然很快地出现战争期间商业、金融不可多见的畸形繁荣景象。许多军队集结在上饶古城内外，信江木桥的架设，一些学校由外地迁进上饶。《赣东民报》《前线日报》及《民锋日报》等各类新闻媒体也云集上饶，上饶一度成为东南半壁的重要通衢。江浙商人与上饶本地的商人聚集于这里，将上海、杭州贩运来的日用百货、布匹等进行转手贸易。四川重庆、广西桂林、云南昆明等远地的商人前来批购，于是上饶成了名副其实的西南各省客商的货物集散地。1940年3月，《前线日报》一篇《上饶散记》一文中描述："杭州、南昌两大都市陷落以后，浙赣铁路就像一条被斩去了头和尾的蚯蚓。然而它的列车依然奔驰于诸暨与鹰潭之间，成为今日东南半壁的硕果仅存的铁路交通，这应该值得我们怎样的钦佩和珍贵。上饶，就适处于这条大动脉的中段，还有许多公路连络邻省各地……上饶便很快成为东南战场的重心与闽赣浙皖四省交通的总枢纽了。""黄昏以后的时候，街上电灯通明，店铺的装潢五花八门，往来人群熙熙攘攘煞是热闹。"据了解，当时江浙一带举家迁来上饶比较有名气的商店，如经营百货的"广合顺""百乐"，南货业的"稻香村""老大房"，专营西药的"民生""德泰"，还有菜馆"王润兴"及照相业的"见真我"等数十家商号，至今还被一些老人时常念起。

当时广平镇城区，只有一条唯一的商业大街，名为西大街，即现在的信江路，远不能适应市场的需要。加之日本飞机经常轰炸上饶，唯一西大街经常白天闭门、夜间开门营业。上饶县政府为避免日机轰炸造成商业及市民的损失，竟一段期间另辟郊外丁家洲为日常用品交易地点。1941年2月，西大街遭日本侵略军10余架飞机轰炸，烧毁房屋1000余幢，损失极其惨重，百姓伤亡不计其数。

由于南昌至玉山公路1933年通车，信江水路运输开始冷落，逐渐被陆路所取代。尤其是1935年8月1日，浙赣铁路通车，于是河口镇的这个八省码头商业重镇的地位明显衰落，交通和商业中心也很快转到上饶。

当然，上饶战时商业、金融出现的繁荣，我想应该是国民党第三战区长官司令部从安徽屯溪迁至上饶，为其最重要的原因。三战区直属机构戒严司令部、干部训练团及其配属机构政治部、兵站总监部等单位入驻广平镇城内或城郊。1938年12月，还有国民政府陆军第二十三集团军总司令部驻上饶办事处，从安徽太平（今黄山市黄山区）迁到上饶南郊杨家湖村。三战区管辖的宪兵八团、宪兵十五团、陆军第一〇〇军于1940年先后驻扎上饶县广平镇。据1947年4月资料记载，集结在广平镇及其城郊驻军总人数达1000人以上。

一时被誉称东南重镇、抗日前线大后方的上饶，由于是国民党江西省第六行政区及第三战区司令部所在地，一些达官显贵也纷纷来到上饶：1936年8月31日，国民党军事委员会副委员长冯玉祥到上饶视察；1938年7月中旬，江西保安处处长蒋经国到上饶县考察；1943年8月4日，国民党政府教育部长陈立夫抵饶视察东南青年夏令营。

由于高官纷纷至踏来，客籍菜馆也一时骤增，旅馆业竟由原40家旅社暴增到116家，从业人员达700余人（含菜馆业）。比较有名的如三战区司令部开办的"陶陶招待所""中国旅行社上饶分社""上饶国际饭店""太平洋旅行社上饶分社"先后开张。

此时的上饶，金融界也迅速发展：江西裕民银行（后改为江西省银行），于1939年11月在上饶首家设分行；中国银行于1936年7月在上饶设寄庄（1943年改为办事处）；中国农民银行于1939年7月也在上饶建立办事处；中央银行于1938年春建立上饶分行，并于1943年10月升格为二等分行；交通银行在1941年4月建立上饶支行。1942年5月，中央、中国、交通、农民四家银行组成联合办事处上饶支行，并在水南街黄金山底合建金库。直到1946年撤销。

三战区的迁入也带动了教育事业。1940年2月，江西中学信江分校由广丰县洋口镇迁至上饶县灵溪。当年秋天，改为私立祝同中学。1941年8月，在沙溪双塘村创办江西省立上饶简易师范学校。同年，在董团创办上饶县立初级中学。1940—1941年，相继在上饶成立江西省立上饶民众教育馆与县农业推广所。

为了三战区军官交通方便和军队调防需要，1940年10月，在现步行桥的位置，建立了一座木桥，命名为中正桥，并将现解放路东段，即永盛大厦到解放桥以东命名为中正路。后于1951年3月改名为解放路。

当时上饶民众抗日情绪十分高涨。为积极支援抗日前线，1937年认购救国公债1万余元。1940年5月4日，各界群众在县城的体育场（现在金龙城地址）举行讨汪（精卫）宣传大会。

综上所述，笔者认为抗建路命名的时期，是抗日战争进入四周年的关键形势下，全国军民同仇敌忾，决心早日打败日本侵略者，捍卫中华民族而进行救亡建国的激战时段；是上饶商业、金融出现战时畸形繁荣的阶段。抗建路的命名，是战时激励民众抗日的需要，是当时国情的需要。

然而，1941年命名后的抗建路，在命名后的10年并没有什么变化，也没有发挥商业街的作用，直到1949年新中国成立后，才真正有很大的发展。特别是近30年，发展的速度更是惊人。当初抗建路的命名，曾经大大激发了民众抗日的决心和斗志。确切地说，这条在抗日烽火中命名的街道，不愧是一条名副其实进行爱国主义教育的老街。

二、老市民记忆中的旧抗建路

新中国成立前的抗建路，是一条很短又窄的街道。根本没有大一点的商店，大都以住家为主，偶尔间隔有一两家小店，也大多是卖木柴、卖小杂货、粮油等。有几家小吃店，而且多为夫妻店。名义上说是小店，也不经常开门做生意，平常半开半掩，实际也没有什么生意可做，大都是做些熟人的小买卖。各家的楼面，基本都是木板钉的，看上去也是两层，不过都很矮。店门是上活动门板，店堂很小。有的店面有人行道，有的没有。有人行道的人家，是楼悬出来，两边各立根木柱头。阔气的人家亦用砖将木柱包起来，有的就干脆一根光光的木头圆柱。实际人行道也很窄，大概1米宽。那么街道到底有多宽？一些老市民都说很窄。信州区工商局退休女干部姜水琴曾非常生动而又形象地对我说："在自家门前往阴沟洞倒水，稍不小心，脏水都会溅到对面邻居的店面。"可想而知路面是多么窄。刘善鑫和汪正华两位老人曾对笔者说："两对面邻居拉家常，只需坐在自家店堂里，就可以跟对面人家说话，还不需要大声讲，都能听得见。"他俩说，实际上现在东市第三人民医院附近，就是姜家。再往北都是堆在西壕边上的煤渣。因为那时候老百姓家中基本都是烧石煤，每次烧完后，就有一大堆煤渣往那里倒，大家习惯叫煤渣墩。那一大片没有什么人家。再往前走，到天津桥街，零零落落有几户人家，如陈家、程家、周家、何家几个大户，其余都是一些外地来的，或是江浙逃难来的人家。临时靠西壕空地自己简单搭建的小房屋，躲避战争的灾难，勉强住住，以后等有钱了，再慢慢就近做大一点的房屋。估计现在新建街口到永盛超市一带，街面只有2米多宽。往河边方向，靠近西大街的热闹繁华地段，街面就稍微宽一点，估计那里有3米多宽。刘善鑫老人说大概是现在邮政局附近，有家叶正利锅店，老板小名叫"野猫"，脑子灵活，生意做得比较好，店面也大一点。现在的工商银行，当时是开了一家木行，专门经营木材，这里靠河边近，运输方便，适合做木材生意。

姜水琴告诉我，她是在抗建路长大的，小时候感觉抗建路一点儿也不热闹。路面断断续续的青石板，姜家就是现在的亚细亚位置，对面是姜家的祠堂。水晶宫叫吴家巷，附近还有刘家巷。记忆中好像抗建路都没有店面，要买东西都是跟大人到西门口，或者到西大街。刘善鑫、汪正华两位老人也说那时街面不热闹。他俩回忆说："1945年8月15日，日本鬼子投降，抗日战争宣布胜利后的那几天里，西大街、西门口，还有城里，到处都非常热闹，家家户户通宵达旦放鞭炮，庆祝抗战胜利。而抗建路却很少听到什么鞭炮声。但是，有个时间抗建路却也很热闹，那就是每年正月初一、初二、初三，这3天抗建路赌博的人很多，街上到处都是公开的赌场，有推牌九的、打麻将的、玩骰子的、押庄的，各色各样都有。这时，玩把戏的也会来凑热闹。不过，到了正月初四，警察局就会来捉赌，公开赌场也就没有了。"上饶市一中退休的姜庭寿老师告诉我，抗建路花红巷每天还有一个时间段比较热闹，那就是每天中午，从上饶县北乡清水、八都等地来的农民，到上饶卖土特产，或是来上饶买日用品，早上从天津桥方向到西大街，中午就在花红巷小吃店，炒饭或吃自己带来的点心，权当吃中午饭。然后在小吃店喝点茶，再推花车或步行赶路回去。

抗战时信江河原有座木桥，抗战时期称"中正桥"。姜老师说这桥是专为三战区长官和太太们服务的，因为三战区司令部设在皂头，坐汽车到上饶城里要下车，过河不方便，于是搭了这座木桥。桥面不宽，只能过一部小轿车，汽车无法交会。浙赣战役日军占领上饶时，政府官员和百姓都跑了，上饶变成空城。恰逢涨大水，没有人管理，木桥就被水冲倒了。刘善鑫老人也说，三战区迁到上饶来后，是架了一个木头桥，大概在步行桥附近的位置，没过几年，涨水时冲倒了。

三、抗建路更换路名有几次

1941年将花红巷、牌楼底、天津桥街的3个路段以"抗战建国"之名义命名为抗建路，这是此路的首次完整路名。

新中国成立后，百业待兴，但是城市建设却是人民政府特别关心的一件大事。1949年11月，为了支援解放军南下赴闽过境的通道，开始建造信江桥和前进桥。在工程技术人员、工人、解放军战士的共同努力下，该桥于1950年就竣工并顺利通车。1950年冬，市委市政府又为了适应军队和军车通行，决定拓展抗建路，并将其计划建成中心商业街。1951年8月，正式将抗建路改名为抗建中路，这便是抗建路第一次改路名，同时被命名的还有抗建南路和抗建北路。抗建中路，南连信江步行桥北头，北接解放路；抗建北路，南连解放路，北至天津桥；抗建南路，北起信江步行桥南端，南到原前进桥（该桥于1984年7月拆除）。此时的抗建路有北、中、南三路段，全长总为2780米，成为当时上饶市城区内最长的一条街路。

"文革"初期，抗建路又经历了第二次改名风波。1966年至1969年，抗建路三段被当时的市革委会改名为反帝中路、反帝南路、反帝北路。1970年，百姓又慢慢开始使用原来抗建中路、抗建南路和抗建北路的习惯称呼，不再叫反帝路。直到1978年7月市政府正式行文，恢复抗建南、中、北路的名称。

原市政府1994年7月26日常务会上，要求对上饶市的街（路）必须加速标准化、规范化处理。于当年8月9日邀请原上饶地区地名办、人大、政协、文化、规划等有关部门的领导、专家和熟悉我市历史地理、文化、民俗风情和自然景观等特征的同志对当时的街（路）、巷、大桥命名等问题进行了认真讨论，广泛征求意见，遵照国务院《地名管理条例》，根据"尊重历史，照顾习惯，体现规划，含义健康，着眼发展，好找好记"的原则，对上饶市24条

（座）的路（街）、巷、桥梁进行标准化、规范化命名（更名）。在这一次的命名（更名）调整中，原抗建中路又恢复抗建路的路名。范围北至解放路，南连信江步行桥北端；抗建南路更名为水南街，具体路段北至信江步行桥南端，南到前进桥东头圆盘，即百姓俗称的广丰路口；抗建北路因拆迁，天津桥街已不复存在，现在只有一条小弄堂，目前没有名称，还被五三大道切断成两节。

笔者在访问过程中，有趣地发现在前进桥东头圆盘，往传染病医院方向的上坡途中，市民黄鹏飞家门口有两块门牌排列着。上一块是用红漆写在门顶白墙上：抗建南路223号附25号；下一块是搪瓷铁皮制的标准门牌，蓝底白字：丰溪路54—1。这两块不同道路的门牌，成了抗建路地名变迁的见证物。

四、一街二名诉说历史风云

步行街上，市民看到立有多块标准规范的"抗建路"路牌，标明这里就是1941年在抗战时期被命名的抗建路。而在街的北端及南端分别均见凿刻"步行街"三个大字的巨石，告诉你从这里就开始步入上饶市最繁华的商业街区——步行街。

抗建路的命名，蕴含了历史的回忆，饱经了历史的沧桑，展现了中华民族大团结，奋起抗击日军的决心和信心。抗建路是教科书，是用血肉写成的历史，将永远铭刻在市民心里。必将会一代代地向市民诉说，上饶人民坚持八年抗日浴血奋战，誓死爱国、救国的决心。

新世纪的步行街，全面反映了上饶市人民在市委、市政府领导下，奋发图强，建设新上饶，建设美好幸福安康家园，是时代的缩影，是充满生机的真实写照。步行街是我市努力拼搏，改革创新的窗口。当与家人或朋友漫步在这条街购物或休闲，都会感受到这里是经商的福地，购物的天堂，休闲的胜地。

我想，同一条街，同时被当地政府冠以两个名称，这在全国来说应该是不多见的，也许是上饶一大创举吧。笔者认为，让记录历史创伤、见证痛苦记忆的抗建路传统地名与当今体现民富国强、国泰民安新时代特征的步行街路名，永远保留下去，让一街二名交织在一起，应该是一件很有意义的事。